Geschichte

der

Stadt Lauffen am Neckar

mit ihren ehemaligen Amtsorten

Gemrigheim und Ilsfeld

von

Karl Klunzinger,

Dr. der Philosophie, b. 3. Vorstand des Alterthumsvereins im Zabergau, correspondirendem Mitgliede des württemb. Vereins für Vaterlandskunde und der Sinsheimer Gesellschaft zur Erforschung der vaterländischen Denkmale der Vorzeit.

Stuttgart.

Verlag der J. F. Cast'schen Buchhandlung.

1846.

In the interest of creating a more extensive selection of rare historical book reprints, we have chosen to reproduce this title even though it may possibly have occasional imperfections such as missing and blurred pages, missing text, poor pictures, markings, dark backgrounds and other reproduction issues beyond our control. Because this work is culturally important, we have made it available as a part of our commitment to protecting, preserving and promoting the world's literature. Thank you for your understanding.

Vorwort.

Der Laufener ist stolz auf seine Vaterstadt. Nirgends, glaubt er, gehe die Sonne schöner auf und unter, als hier. Und wie fühlt sich nicht schon ein Fremder angezogen durch den kräftigen Wellenschlag des Neckars unter der bogenreichen Brücke, und die romantische Felseninsel! Aber auch geschichtliche Bedeutung hat Laufen. Der Reichsadler zierte einst sein Wappen, ein mächtiges Grafengeschlecht hatte von daher seinen Namen, in seiner Kirche ruht die heilige Reginswindis, auf seinen Fluren wurde die Ulrichsschlacht geschlagen.

Guten Muths wandert daher dieses Büchlein vom nachbarlichen Zabergau in den Neckargau, um freundlichen Landsmannsgruß und verbriefte Kunde zu bringen über die Vorzeit von Stadt und Amt Laufen. Auch der stattliche Marktflecken Ilsfeld und das Reben- und Blumenreiche Gemrigheim, die treuen Begleiter der ehemaligen Oberamtsstadt, sie werden gern ihre früheren Zeitläufte erzählen hören.

Von dannen geht es in entferntere Marken und hofft auch dort bei den Freunden der Geschichte unschweren Eingang.

Schriebs Güglingen den 24. Oct. 1845.

Der Verfasser.

Verzeichniß

der benützten noch ungedruckten Dokumente.

I.

A. Aus dem Königl. Staats-Archiv zu Stuttgart Urkunden über die betreffenden Orte und Verhältnisse.
B. Aus der Königl. öffentlichen Bibliothek ditto.

II.

A. Aus der Registratur des Königl. Dekanatamts Besigheim einige Visitationsberichte.
B. Die örtlichen Urkunden, namentlich von Lauffen, die Lagerbücher des Königl. Hof-Kameralamts und die Stadtchronik daselbst.

I. Urgeschichte bis 496.

Hauptpunkte.

Die Zeugnisse der Vorzeit sind spärlich vorhanden. Die Urbewohner werden von den Römern und diese von den Allemannen vertrieben.

An die ältesten Zeiten erinnern der noch nachweisbare frühere Lauf des Neckars [1]), ein in der Mitte des vorigen Jahrhunderts in diesem Fluß in dortiger Gegend gefundenes Auerochsenbein [2]), und die Flurnamen: Im Thiergarten [3]),

---

[1]) Bei der Ueberschwemmung im Jahr 1824 suchte er sein altes Beet wieder auf und lief durch den untern, früher Thalhofen genannten, Theil des Dorfs an den Seugbergen zurück durch den Halbkreis des ehemaligen Seebeetes und von da den sogenannten Bergen entlang über das jetzige Flußgebiet der Zaber, vergl. württemb. Jahrb. 1822 S. 335. Auch fand man bei der Trockenlegung des Sees im Jahr 1820 Neckarsand im Grunde desselben.

[2]) Klunzinger, Gesch. des Zabergäus I, 5.

[3]) Schon die Römer hatten welche, und im Mittelalter waren sie sehr häufig, s. Mone, Urgeschichte des badischen Landes I, 112.

in der Reuth, im Hölzle, in den Fuchsäckern, im Kai [4]). Die frühesten Bewohner unserer Gegend waren der Lage nach Celten und Sueven, es findet sich aber von ihnen keine Spur mehr.

Als die Römer ihre siegreichen Adler in Südwestgermanien aufpflanzten, wurde auch unsere Gegend in ihr Straßennetz eingeschlossen, so zwar, daß sie ein Glied ihrer Niederlassungen, die wir am Neckar in einer Entfernung von 2—4 Stunden finden [5]), wurde, indem ein Ast der großen Neckarstraße von Canstatt über Besigheim nach L. und weiter hinab [6]), ein anderer von Marbach und Murr über Kaltenwesten ebenfalls nach L. führte, auch von hier aus eine römische Straße nach Mainhardt und vielleicht ins Limpurgische zog [7]). Gewiß ließen sie da die schon von der Natur gebildete Felsenhöhe zu einem Kastell, wie sie solche namentlich unter Posthumus und Probus anzulegen pflegten, nicht unbenützt, um von hier aus auch diesen Theil des Zehentlandes zu überwachen. Daß sie aber unsern Ort Augusta Nicri genannt, ist zwar eine alte, doch nicht begründete Ansicht [8]), noch weniger ist es glaublich, daß sie ihn Dibaria hießen, wie die Chroniken anführen.

---

[4]) Dieser Name bezieht sich auf eine in der Nähe gewesene Wasser-Straße.

[5]) Württemb. Jahrbücher 1832 S. 40. Anm. a. und Wilhelmi, erster Jahresbericht S. 45.

[6]) Memminger, Beschreibung von Württemb. fünfte Aufl. S. 13.

[7]) A. a. O., S. 14 und württemb. Jahrbücher 1838. S. 86. Prescher, Gesch. von Limpurg I, 87. Anm., vergl. Sattler topogr. Gesch. S. 20.

[8]) Der Verfasser der Geschichte der Reginswintis, der vor dem eilften Jahrhundert lebte und wahrscheinlich von L. gebürtig war,

In den 80er Jahrgängen des vorigen Jahrhunderts wurden auf der Höhe zwischen dem Neckar und der Schozach bei der sogenannten Hohle römische Gräber ausgegraben, und dabei einige sehr schöne römische Gefässe und gegen 300 römische Münzen gefunden, von denen jedoch nichts mehr vorhanden ist. 1837 entdeckte ein hiesiger Weingärtner, Namens Michael Greiner, in den sogenannten Auen römische Gebäudetrümmer mit Hypokausten, welche in den württemb. Jahrbüchern 1837. S. 428 ff. näher beschrieben sind.

Vom Anfang des vierten Jahrhunderts an wurden die Teutschen wieder Meister und es gehörte unsere Gegend als Theil des Neckarthales sofort zum Barbarenlande, worin die Allemannen von jetzt an unvertrieben hausten [9]).

II. 496—832.

Hauptpunkte.

Unsere Gegend kommt unter und zu Franken und erhält wahrscheinlich durch dieses, so wie durch Willibrord und Bonifaz das Christenthum. Die Freigebigkeit der fränkischen Hausmeier, welche L. vermuthlich schon als Kammergut besaßen, setzt das Bisthum Wirzburg in den Besitz der Kirche und

---

(f. unten), gibt diese Nachricht zuerst; jedoch ohne eine Autorität dafür anzuführen.
[9]) Stälin, württemb. Gesch. I, 121.

vieler Einkünfte daselbst. L. wird zu Ende unserer Periode als Villa aufgeführt.

In Folge der Schlacht bei Zülpich wurde unsere Gegend von den Franken besetzt, und erhielt durch sie einen großen Theil ihrer freien Einwohnerschaft, so daß wohl alle einheimischen Freien verdrängt wurden [1], selbst der Name Allemannien ging für sie verloren, indem sie Bestandtheil von Franken [2] und wahrscheinlich jetzt schon zum Kammergut der fränkischen Könige eingezogen wurde [3]. Noch wird sie zwei Jahrhunderte lang nicht genannt, was sich daraus erklärt, daß zu dieser Zeit überhaupt der fränkischen Länder diesseits des Rheins sehr selten Erwähnung geschieht, da sie nur als Anhang von Austrasien galten [4].

Zu den Zeiten Pipins und Karlmanns, vor 748, wird L. zuerst in einer jedoch nicht mehr vorhandenen Urkunde aufgeführt. 741—747 nämlich schenkte der Major Domus Karlmann dem Bischof Burchard von Wirzburg die Martinskirche [5] zu L. sammt Zugehör. Wir wissen aber, daß unter den Kirchen, welche Willibrord in Thüringen — so

---

[1] Stälin I, 221.

[2] A. a. O. 150. Anm. 1.

[3] A. a. O. 170. — Schwerlich geschah dieß erst zur Zeit der Aufhebung des allemannischen Herzogthums, wie Sattler, Gesch. des Herzogthums Württemberg, S. 464 und 505 behauptet, denn die allemannischen Herzoge hatten vermuthlich damals hier gar keine Besitzungen und Rechte mehr.

[4] Es sind hier gleiche Verhältnisse wie beim Zabergäu. S. Gesch. desselben IV, 104.

[5] Zur Ehre des hl. Martin, Bischofs von Tours, † um 400.

hieß das Frankenland in den kirchlichen Urkunden bis in's achte Jahrhundert [6]) — um's Jahr 704 durch seine Missionspriester errichten ließ, 14 Martinskirchen waren, welche sammt den andern durch feindliche Einfälle und Irrlehrer in Zerfall geriethen [7]), jedoch durch die Bemühungen des genannten Burchard und Bonifaz, des bekannten Apostels der Teutschen, wieder hergestellt wurden [8]), folglich haben wir alles Recht anzunehmen, daß die oben genannte Martinskirche in L. zu diesen gehörte, daß also das ohne Zweifel schon durch die Herrschaft der Franken hier angebahnte Christenthum den Bemühungen des Willibrord seine Fortsetzung und denen des Bonifaz und Burchard seine Wiederherstellung in dieser Gegend verdankt, und da von der persönlichen Gegenwart eines Mannes wie Bonifaz der Erfolg dieses Strebens abhing, so ist es ebenfalls sehr wahrscheinlich, daß er selbst zu diesem Zweck nach L. kam, woran sich dann die nicht unbegründete Sage von seinem Aufenthalte auf dem nahen Michelsberg schön anreiht [9]).

In die Zeiten Pipins und Karlmanns fallen aber auch noch zwei andere Schenkungen von diesen beiden an das Stift Wirzburg, die unsere Gegend und Ort betreffen. Es erhielt nämlich dasselbe aus 17 Gauen, worunter der Neckargau namentlich aufgeführt ist, den zehnten Theil des Ertrags, der von der Zeit ihrer Ablieferung Osterstuophe ge-

---

[6]) Jäger, Gesch. Frankenlands I, 67. Anm. und Hefele, Einführung des Christenthums S. 369.
[7]) Jäger a. a. O. 61 ff.
[8]) Eckhart, de reb. Franc. orient. I, 324.
[9]) Zabergäu I, 58.

nannten Steuer [10]), so wie den zehnten Theil aller königlichen Einkünfte von 26 Ortschaften, worunter L. als Königsgut besonders aufgeführt ist. Aber auch die übrigen Rechte und Einkünfte, welche Bischof Burchard von den mehrfach genannten fränkischen Hausmaiern erhielt, bestehend in dem dritten Theil von der Strafe des Heerbanns, welcher sonst den Grafen gehörte, der eigenen Handhabung der Gerechtigkeitspflege und der Nutzung der Frieb- und Zehrgelder, bezogen sich wohl ebenfalls auf unsere Gegend, so daß also anzunehmen ist, ein großer Theil derselben habe damals der Kirche gehört.

823 bestätigte K. Ludwig die oben genannte Schenkung der Martinskirche zu L. durch eine noch vorhandene lateinische Urkunde [11]), worin es in teutscher Uebersetzung also heißt: „Und eine Kirche [12]) im Neckargau, welche in der Villa Hlauppa [13]) zur Ehre des hl. Martin erbaut ist mit Zugehör." Damals also war L. ein offener (noch nicht ummauerter) Ort.

---

[10]) Mon. Boic. 28, p. 98.

[11]) A. a. O. p. 16 ff. — Der Stiftungsbrief desselben Kaisers aber vom Jahr 817, wonach er dem Kloster Murrhard unter Anderem auch Güter bei L. geschenkt haben soll, ist unächt. Stälin I, 370.

[12]) Basilica, d. h. im Styl der alten Basiliken erbaut. A. a. O. I, 401.

[13]) = Lauffa. Es hat also die Schreibart Lauffen die früheste Autorität für sich. In den nächstfolgenden Urkunden aber findet sich nur Ein f.

III. 832 — 1227.

Hauptpunkte.

Der berühmte Graf des Nordgaus, Ernst, erhält vom Kaiser L. zum Geschenk, macht sich um die landwirthschaftliche Cultur daselbst sehr verdient, verläßt aber, durch den traurigen Tod seiner Tochter Reginswindis bewogen, dasselbe bald wieder, fällt später in Ungnade und verliert in Folge derselben auch L. Nach längerem Zwischenraume tritt ein eigenes ebenfalls stattliches Grafengeschlecht von L. auf, welches ohne Zweifel seine Besitzungen auch vom Reich zu Lehen trägt, sich aber im Kraichgau, wo es sich freier bewegen kann, besser gefällt, und dort seine Hauptrolle spielt. Nach dem Aussterben desselben wird L. eine Reichsstadt. Von den Gaugrafen des mittleren Neckars ist wenig bekannt. Einzelne Ortsedelleute tauchen auf. Die wahre Geschichte der Reginswindis wird bald zum Mythus, und es wird ihr zu Ehren eine Kapelle und ein Kloster zu L. gestiftet. Zwei Bischöfe von Wirzburg kommen nach L.

— — —

Es begab sich im Jahr 832, daß K. Ludwig der Fromme, als er zu Augsburg war, den Grafen Ernst nach L., das zu seinem Kammergute gehörte,[1] schickte, um dort für ihn die nöthigen Vorbereitungen zu einer Jagd zu treffen. Dieser kam mit der Nachricht zurück, es sey daselbst kein wohnlicher Ort für einen Kaiser und bemerkte dabei,

---

[1] Loufum — locum nostrae fiscalitatis subicem.

wenn ihm derselbe das dortige Gebiet schenken würde, so würde er bald Alles auf kaiserlichen Fuß setzen. Auf dieses unterließ der Kaiser seinen Besuch in L. ²), und schenkte dem Grafen wirklich den Ort für seine Lebenszeit ³). Dieser zog nun mit seiner Gemahlin Friedburga, einer Tochter des genannten Kaisers, dahin, bestellte die Cultur des Bodens trefflich und erhob sich, ohne seine Schuldigkeit gegen die Kirche zu vergessen, zu einem glänzenden Wohlstand. Hier wurde ihm auch eine Tochter Namens Reginswindis geboren, welche das Unglück hatte, im zarten Alter aus Rache von ihrer Wärterin getödtet und in den Neckar geworfen zu werden. Aus Gram hierüber zogen die Eltern wieder in ihre Heimath, den Nordgau ⁴), zurück, zu Ehren dieser ihrer Tochter aber wurde zu L. eine Kapelle und später ein Kloster gestiftet, ja sie wurde sogar canonisirt (s. Kirchensachen). Dieser Graf Ernst soll ein Sohn des Gepahard und Enkel des Herzogs Tassilo, Grafen in Ostfranken, aus Agilolfingischem Stamme gewesen seyn. Zum erstenmal wird er in einer Urkunde als Zeuge genannt, die K. Ludwig dem Kloster Mansee im Jahr 829 ausstellte, und heißt hier schon Markgraf des Nordgaus. In

---

²) Die Sage, daß dieser Kaiser selbst nach L. gekommen sey, ist nicht begründbar, auch läßt sich aus der von Jäger, Heilbronn I, 26. Anm. 41 angeführten Stelle nicht schließen, daß er nach Heilbronn kam, denn diese Notiz bezieht sich auf Kaiser Ludwig den Teutschen.

³) Der Akt der Belehnung war in dem Schlosse zu Urach abgebildet, s. Steinhofer II, 21.

⁴) Derselbe begriff die nachmaligen Bisthümer Bamberg und Aichstatt sammt der Oberpfalz unter sich. Wenck, hessische Landesgesch. II. Bd. 562 Anm. W.

dem Bericht, nach welchem er von genanntem Kaiser L. erhielt, wird er wegen seiner Tapferkeit und Frömmigkeit als besonderer Günstling desselben bezeichnet. Bei einer Schenkung, die Graf Rapod im Jahr 837 machte, unterzeichnete er sich als erster Zeuge. Auch unter K. Ludwig dem Teutschen war er geraume Zeit hindurch noch sehr angesehen. 848 unterzeichnete er sich in einer das Erzstift Salzburg betreffenden Urkunde als Feldhauptmann nach den Bischöfen und nach Karlmann und Ludwig unmittelbar vor allen andern Grafen und Herzogen. 849 zog er an der Spitze des kaiserlichen Heeres gegen die Böhmen und 855 gegen die Mähren, welche beiden Feldzüge übrigens nicht glücklich abliefen. Sofort schlichtete er aus Auftrag des Kaisers die Streitigkeiten zwischen den Bischöfen Ubalschalk und Anno. 860 war er als Herzog der Baiern und erster Günstling Ludwigs des Teutschen bei dem Vertrag der drei gekrönten Häupter zu Coblenz anwesend. Diese seine hohe Stellung erklärt sich aus seiner nahen Verwandtschaft mit dem kaiserlichen Hause, denn er war nicht nur, wie aus dem Obigen erhellt, ein Schwiegersohn K. Ludwigs des Frommen und Schwager K. Ludwigs des Teutschen, sondern auch der Schwiegervater von dessen ältestem Sohne Karlmann [5]). Letztere Verbindung aber führte seinen Sturz herbei, denn da er 861 seinem Schwiegersohne bei einem Aufstandsversuche desselben gegen seinen Vater beistand, so wurde er von diesem aller seiner

---

[5]) Der Name seiner Tochter ist nicht genau bekannt. Sie war unfruchtbar, und Karlmann zeugte mit Liutswinda, die zwar auch von hohem Adel, aber doch nur sein Kebsweib war, einen Sohn Arnulf, den nachmaligen Kaiser.

Ehrenämter entſetzt, und er verlor hiebei ohne Zweifel auch L., das er nur als kaiſerliches Lehen beſaß, und begab ſich auf ſeine Allodialgüter [6]), wo er 865 ſtarb. — Dieſer Graf Ernſt war es wahrſcheinlich auch, der die durch die Bran= dung des Neckars entſtandene Felſenkluft (zwiſchen der Stadt und dem Dorf) künſtlich zu bearbeiten anfing, indem dieß zu ſeinem Zwecke, die Gegend zu verſchönern, weſent= lich war, und das folgende nicht minder rührige Grafen= geſchlecht vollendete wohl dieß Werk, das zur Befeſtigung ſeiner Burg ſo ſehr diente [7]).

Ernſts Nachkommen Ernſt II. [8]), III., IV. und V. ſchwangen ſich wieder zu hohen Ehren auf, ſtanden aber mit L. in keiner Verbindung mehr.

Mit Recht nehmen wir alſo an, daß L. vom Jahr

---

[6]) Hier glauben wir von T. Ried, geneal. dipl. Geſch. der Grafen von Hohenburg, dem wir bisher folgten, und welcher annimmt, Ernſt ſey nun wieder nach L. gegangen, abweichen zu müſſen, weil dieſer Aufenthalt die traurigſten Erinnerungen in ihm her= vorgerufen hätte, und er ſich auf ſeine Allodialgüter Praiten= brunnen und Praitenecke an der Laber zurückziehen konnte und mußte.

[7]) Zwar heißt es in der Geſchichte der Reginswindis, dieſe ſchroffen Felsabhänge ſeyen blos von der Natur gebildet worden, allein es iſt hiebei menſchliche Bei= und Nachhülfe unverkennbar, vergl. württemb. Jahrb. 1822 S. 335. An ein Werk durch die Römer kann man nicht denken, weil dieſe ſolche großartige Unterneh= mungen bei uns nur aus ſtrategiſchen Gründen, die hier nicht obwalteten, da L. kein Hauptoperationspunkt war, zu veranſtalten pflegten. S. in Betreff der Abgrabung des Neckars bei Laden= burg Mone, Urgeſch. I, 243 ff. Auch die Veränderung des Neckarbeetes bei Eßlingen und Beckingen fällt in das Mittelalter, ſ. Pfaff, Eßlingen 22, Jäger, Heilbronn I, 13. Anm. 10.

[8]) Er und ſein Vater wurden auch mehrfach als Helden beſungen.

861 an wieder reichsunmittelbar wurde. 889 bestätigte K. Arnulf, 923 K. Heinrich I. und 993 K. Otto dem Bisthum Wirzburg seine Schenkungen daselbst.

Die Grafen von Laufen.

Vom eilften Jahrhundert an finden wir hier wieder ein Grafengeschlecht, das aber von Franken [9], vermuthlich von L. selbst stammte, und mit obigen Nordgaugrafen in keiner Beziehung stand.

Ein Graf Boppo nämlich hatte bis 1011 ein kaiserliches Lehen zu Hasmersheim, welches K. Heinrich II. in eben diesem Jahre dem Bischof von Worms übergab [10]. Dieser Boppo war, wie aus der Nähe des Hornbergs (s. unten) zu schließen ist, ein Graf von L., und zwar Boppo I. 1037 erscheint Boppo II. als Zeuge bei der Gründung des Stiftes in Oehringen [11]. Ihm folgte sein Sohn Bruno I., der noch 1100 dem Kraich=, Enz= und Elsenzgau zugleich vorstand [12], sein zweiter Sohn Heinrich I. wird mit seinem Vater schon 1067 in einer Lorscher Urkunde aufgeführt [13] und sein dritter Sohn Arnold war mit Adelheid, einer Urenkelin K. Heinrichs III. vermählt, durch welche er ungemein ausgestattet wurde. Dessen drei Söhne waren Heinrich II., Bruno II. und Boppo III. Von Heinrich II. wird ausdrücklich gesagt,

---

[9] Ein Glied dieser Familie wird ausdrücklich ein Franke genannt, s. unten.
[10] Orig. Guelf. IV, 299.
[11] Hanselmann, Beweis der Hohenl. Landeshoheit II, 364.
[12] Act. Acad. III, 277.
[13] Cod. trad. I. Nro. 128. p. 191.

er sey ein Graf von dem castrum L. gewesen [14]). Er starb ohne männliche Descendenz [15]) auf klägliche Weise, indem er von den Mäusen gefressen wurde [16]). Bruno II. wählte den geistlichen Stand, wo er um seiner edlen Herkunft, seines vortheilhaften Aeussern, seiner Gelehrsamkeit, Umsicht und ausserordentlichen Freigebigkeit willen zur Würde eines Dompropsts zu Trier und Speier, eines Probsts zu St. Florin in Coblenz, eines Archidiaconus und zuletzt sogar zu der eines Erzbischofs von Trier gelangte, welche Stelle er vom Jahr 1102—24 bekleidete [17]), und in welcher Eigenschaft er das Kloster Odenheim auf dem Grund und Boden seines väterlichen Erbguts stiftete, und demselben unter anderen dortigen Gütern seine Besitzungen in der Villa Gartach schenkte. In der betreffenden Stiftungs-Urkunde vom Jahr 1122 wird die Einwilligung dazu sei-

---

[14]) De castro, quod Laufe dicitur. Eccard, corp. hist. med. aev. I, 458. — Castrum heißt hier wohl ein befestigter Ort, dessen Mittelpunkt die gräfliche Burg war. Vergl. Stälin I, 275.

[15]) Seine Frau war Ida, eine Tochter des Grafen Bernhard von Werla, welcher ein Bruder der Gisela, der Gemahlin K. Konrads II. war. Adelheid, eine Tochter aus dieser Ehe, war zuerst an Adolf von Huvili oder Berg, und dann an Friedrich, Pfalzgraf von Sommerseburg, verheirathet. Eccard a. a. O., und Wenck a. a. O. I, 252 ff. Nro. b.

[16]) Eccard a. a. O.

[17]) Hontheim, prodr. hist. Trev. p. 761. — Widder, Kurpfalz I, 361, nimmt an, Graf und Erzbischof Bruno seyen eine und dieselbe Person gewesen, was deßhalb nicht angeht, weil Erzbischof Bruno 1102, und Graf Bruno als solcher 1100 aufgeführt wird. Es müßte also Bruno innerhalb eines Zeitraums von zwei Jahren alle geistlichen Würden bekleidet haben, die er vor Antritt des Erzbisthums durchlief.

tens seines Bruders Boppo III. erwähnt, welcher als Graf von Bredeheim aufgeführt wird [18]). Letzterer starb um's Jahr 1127. In diesem Jahre wurde sein Sohn Konrad I. zu Worms mit allen väterlichen Lehen feierlich investirt, indem er nach der Weise seiner Vorfahren über dem Altare des hl. Petrus zu Worms acht aus seinen Ministerialen mit deren Weibern und Familien und Eigenthum darbrachte [19]). Dessen Sohn Boppo IV. kommt 1139 in einer Urkunde des Klosters Denkendorf als Zeuge vor [20]), und empfing bald darauf ebenfalls seine Lehen vom Bisthum Worms. 1142 wurde er von diesem für die Lehensgüter, auf welchen das Kloster Schönau erbaut wurde, und welche ein Afterlehen der von Steinach waren, mit zwei Talenten in der Stadt Wimpfen und in den drei Villen Neuenheim, Botesheim und Isensheim entschädigt [21]). Ferner kommt er in einer Urkunde vom Jahr 1144, worin K. Konrad II. die Besorgung der Wiederherstellung und Versehung der Kirche zu Münster dem Grafen Ludwig und den Mönchen zu Arnstein übergab, als Zeuge vor [22]). 1152 übergab Konrad, Bischof von Worms, sein Gut in

---

[18]) Hontheim a. a. O. p. 483 Anm. a.
[19]) Diese und die folgenden auf Worms sich beziehenden Notizen sind aus Schannat, hist. episco. Worm. I. — Seine Frau war eine Tochter des Grafen Ludwig von Arnstein und seine Tochter Abelheid an Heinrich III. von Katzenellenbogen verheirathet. Wenck a. a. O.
[20]) Besold, docum. rediv. S. 452.
[21]) Die auf das Kloster Schönau sich beziehenden Notizen sind aus Guden. sylloge.
[22]) Act. acad. I, 297 ff.

Glismuteshusen und Husen am Ufer des Neckars, bei Steinahe in der Grafschaft desselben gelegen, dem Kloster Schönau, auch steht er unter den Zeugen dieser Urkunde. Ferner war er 1171 in einer Urkunde des Klosters Schönthal Zeuge, und leistete dem Kloster Lobenfelt (bei Worms) Beistand. Er starb 1174. Sein erster Sohn Heinrich II. ließ in diesem Jahre seine Lehen bei Worms erneuern. Sein zweiter Sohn Boppo V. wollte den Schutz, den sein Vater, wie bemerkt, dem Kloster Lobenfelt hatte angedeihen lassen, in ein Schirmrecht für sich verwandeln, mußte sich aber deßhalb vor K. Friedrich I. stellen, und empfing von diesem sowohl, als von Bischof Konrab II. einen so scharfen Verweis deßhalb, daß er freiwillig darauf verzichtete. 1184 ließ er seine Lehen in Worms erneuern, und tauschte von seinem dritten Bruder Konrab II. seinen Antheil an der Burg Horemberg (Hornberg) ein [23]), und trat ebenfalls tauschweise den Berg Rothenberg, den er von dem Herzoge von Zähringen zu Lehen trug, an diesen ab. 1194 war er Zeuge in einer Urkunde, worin K. Heinrich VI. einen Tausch zwischen dem Kloster Weißen-

---

[23]) Jäger, Handbuch für Reisende S. 145. Derselbe bemerkt noch weiter: Diese nahe Berührung, in der die beyden Familien (die Grafen von L. und die Herrn von Hornberg) mit einander standen, und das Ansehen, das sie gemeinschaftlich bei Kaiser Heinrich genoßen, scheint auch auf Gütergemeinschaft zu deuten, die vielleicht auf der Burg Hornberg ruhte, und auch die Besitzungen, welche die Grafen von Lauffen in Hasmarsheim hatten (s. oben), mögen mit der nahen Burg in einigem Verband gestanden seyn. Wie es später mit dem Antheil der Grafen von Lauffen an der Burg ging — darüber fehlen uns alle Nachrichten.

burg und Hemerode bestätigte [24]). 1195 kommt er gleichfalls in einer die Aebtissin Kunegunde von Ruwenburg betreffenden Urkunde vor. 1196 verkaufte er an das Kloster Schönau das Gut Locheim um 400 Mark, und war er Zeuge in einer Urkunde Heinrichs Pfalzgrafen bei Rhein, worin dieser eine von seinem Schwiegervater diesem Kloster gemachte Vergabung eines Guts in Ophaue bestätigte, auch wird er selbst unter den Wohlthätern dieses Klosters genannt. 1198 war er Zeuge in einer Urkunde, worin Bischof Liupold zu Worms, eben diesem Kloster ein Gut zu Locheim verkaufte, und 1206 Bürge, da sich dasselbe mit denen von Kirchheim wegen des Zehenten zu Grensheim verglich. 1208 übergab Dudo, Ritter von Weibstatt, mehrfach genanntem Kloster durch ihn einen Theil des Zehenten in Blickersforst. In diesem Jahre bewohnte er den Dilsberg [25]), welchen er erbaut haben soll. 1213 unterschrieb er zu Hegenau eine Urkunde, worin K. Friedrich II. dem Bisthum Worms seine Rechte und Privilegien bestätigte. In dem zweiten Zehent des dreizehnten Jahrhunderts half er zwischen dem Kloster Schönau und den Herrn von Kirchheim Frieden stiften. Der schon genannte dritte Sohn Boppos IV., Konrad II., war unter den Wohlthätern desselben Klosters, und unterschrieb 1184 die oben angeführte Urkunde Grensheim und Rotenberg betreffend, auch war er Mitstifter des Klosters Seligenthal im Jahr 1236. Mit diesen drei Brüdern starb das Ge-

---

[24]) Würdtw. subs. dipl. V, 261. Bopo Comes de Loyphe.
[25]) Gudenus a. a. O., S. 75.

schlecht des Grafen von Laufen [26]) in männlicher Linie aus [27]), denn Heinrich II. und Konrad II. hatten gar keine Descendenz, Boppo V. aber nur zwei Töchter, wovon die ältere 1208 an Gerhard von Schauenburg, die jüngere Mechtild an Konrad, Herrn von Dürne, verheirathet war. Letztere brachte die Erbgüter der Grafen von L. an das Dynastengeschlecht von Dürne [28]), das sofort auch den gräflichen Titel und den Vornamen Boppo [29]) führte.

Was wir im Zabergäu bei den niederen ablichen Geschlechtern der von Balzhofen, Erligheim und Kirchheim sahen, nämlich die Uebersiedlung in's Kraichgau, das finden wir hier nun bei einem bedeutenden Grafengeschlecht und wir erklären uns solches aus Jäger, Handbuch S. 186: "Nach dem Aussterben der Elsenzgaugrafen war hier freie Hand für Besitznahme und Erwerb von Gütern und selbst der Gaugrafenwürde. Faustrecht statt Brief und Siegel, Unvermögen und Schwäche der Wormser Bischöfe verschafften den Grafen und Rittern den ungetheilten und

---

[26]) Ein Graf von L., den wir nicht einzureihen wissen, soll die Probstei zu Rappach bei Oehringen dem Kloster Oedheim geschenkt haben.

[27]) S. jedoch in der folgenden Periode Anm. 3.

[28]) In den Urkunden des Klosters Seligenthal, das sie mitstiftete; kommt sie 1238—70 vor, und wird hier eine edle Matrone sowie eine Gräfin von Dürne genannt. Sie führte ein prächtiges Sigel. Auch vermachte sie der Abtei Amorbach 20 Pfd. Heller, welche ihre Enkel Boppo und Ludwig durch den Verkauf der Villa Neudorf lösten. Sie scheint vor 1258 Wittwe geworden zu seyn, und erreichte ein hohes Alter, indem sie um's Jahr 1276 starb.

[29]) Ueber diesen Vornamen vergl. Menzel, Gesch. der Deutschen, vierte Ausg. S. 78, b.

erblichen Besitz mitten im Wormser Gebiet, dessen Kirche noch froh seyn mußte, wenn es dem einen oder andern freien Mann gefiel, seine Burg dem Hochstift als Lehen von neuem aufzutragen" [30]). Dazu kam die Beengung unserer Grafen in dem diesseitigen Gebiete durch die Kirche, die Zabergaugrafen, deren Besitzungen sich bis nach Kirch=heim erstreckten, und die Gaugrafen des untern Neckars, von denen namentlich Adelbert 1157 bekannt ist [31]). Am liebsten sahen wohl dieses Wegziehen die Ortsedelleute von L., von welchen Herman 1156—65 in einer Urkunde des Kl. Hirschau, ein strittiges Gut zu Beckingen betreffend [32]) und Konrad als Ministeriale niederer Klasse und Bürger zu Heilbronn 1222 [33]) vorkommt. Sie hatten übrigens in dieser Periode keine besondere Bedeutung und nach dem Aussterben der Grafen von L. wurde der Ort wieder reichsunmittelbar.

Kirchensachen.
Die Geschichte der Reginswindis.

Obengenannter Graf Ernst zu L. übergab seine hier geborne Tochter Reginswindis einer Wärterin zum Erziehen.

---

[30]) Diese Bemerkung bezieht sich zwar auf eine etwas spätere Zeit, trifft aber auch schon hier zu.
[31]) Jäger, Heilbronn I, 43. Anm. 81. — Dieser Graf Adelbert war wohl Eine Person mit dem Grafen dieses Namens von Calw, welcher dem Kl. Hirschau Güter in verschiedenen Orten tausch=weise für einen Hof zu L. (Louffe) übergab. Cod. Hirs. 32. — Zu den Gaugrafen des mittleren Neckars gehört vielleicht auch Eberhard ums Jahr 1059. Stälin I, 618.
[32]) Herman de Loufen. Cod. Hirs. 72.
[33]) Jäger, Heilbronn I, 59. Anm. 126, wo die Vermuthung aufge=stellt ist, diese Familie habe sich später in Hall niedergelassen. Es ist jedoch hiebei zu bemerken, daß es auch ein Laufen bei Hall gab.

Als nun das Kind 7 Jahre alt war, also im Jahr 839, wurde diese darüber, daß ihr Bruder, der als Stutenhüter beim Grafen angestellt war, wegen Nachläßigkeit im Dienste von demselben eine Züchtigung erhalten hatte, so wüthend, daß sie zu einer hiefür gelegenen Zeit dem Mägdlein die Kehle zudrückte, das Genick brach und es mitten in den Neckar hineinwarf. Hierauf wollte sie sich selbst den jähen Abgrund hinab in den Strudel stürzen, wurde aber von dazu kommenden Leuten davon abgehalten und gestand ihnen ihr Verbrechen. Diesen lag mehr an der Auffindung des Kindes als an der Bestrafung der von ihrem eigenen Gewissen gefolterten Missethäterin, und so fanden sie es denn am dritten Abende in einem fischreichen Strudel mit noch lebensfrischem Gesichte, rothen Wangen und ausgereckten Aermlein, so daß es die Figur eines Kreuzes bildete. Sie zogen es heraus und brachten die Trauerkunde seinen Eltern, worauf dasselbe auf dem Kirchhofe zu L. mit großem Gepränge bestattet wurde. Bald darauf senkte sich die alte aus dürftigem Holze erbaute Kirche bei Nacht gegen das Grab des Mägdleins, als wollte sie ihm einen breiteren Eingang machen, und da man sie den andern Tag stützen wollte, fiel sie zusammen [34]). Die Eltern des Kindes aber zogen wieder ins Nordland zurück. Bald darauf [35]) kam

---

[34]) Dieß war wahrscheinlich die in der vorigen Periode schon erwähnte Martinskirche. — Die Volkssage läßt auch auf einem Felsenvorsprung auf dem sogenannten Hälbenrain, der sich längs des ehemaligen Sees hinzieht, eine Kapelle gestanden seyn, der Platz heißt noch jetzt das Kirchlein und es finden sich daselbst noch Spuren von Gemäuer.

[35]) Auf keinen Fall aber 837, wie Eckhart, de reb. Franc. orient. II, 257, vermuthet, sondern im J. 839 oder später, da in diesem

Bischof Humbert von Wirzburg selbst nach L., um ein Bethaus daselbst zu Ehren der Reginswindis zu bauen [36]), was er auch vollführte und den Leichnam derselben darin beisetzte. Sofort galt das Mägdlein für eine Heilige, was später Veranlassung zu einem Versuche gab, sie nach Baiern zu führen, welcher jedoch mißlang [37]).

Jahr die 832 oder später geborne 7 Jahre alte Reginswindis starb. Auch die von Sattler, Gesch. des Hrz. W. S. 713 angeführten 396 Jahre treffen nicht zu.

[36]) Die Legende selbst lautet also. Es erschien dem Bischof Humbert ein Engel im Traum, der zu ihm sagte: Mache dich endlich auf, reinige den Ort L. (Loufam) von aller Ungebühr und baue flugs ein Bethaus, worin die Perle des Herrn ruhen soll. Der Bischof achtete nicht darauf, auch auf das zweite Gesicht nicht; als er aber von dem dritten mit Ruthen gehauen wurde, so ging er nach L., baute daselbst ein Bethaus, schmückte es nach Umständen aus, und setzte den Leichnam der Reginswindis darin bei. Bei der feierlichen Einweihung desselben mischten sich Gesänge der Engel in die Chöre der Menschen und ein herrlicher Wohlgeruch erfüllte das Haus, auch wurden sofort Kranke aller Art dahin gebracht und geheilt. Später kamen Verwandte von ihr aus Baiern nach L. und wollten sie heimlich mit sich in ihr Land nehmen, allein ein Erdbeben erschütterte den Grund der Kirche und Donner und Blitz streckten sie zu Boden. Vergl. Jäger, Handbuch, Anhang und Aler. Patuzzi, schwäb. Sagen-Chronik. — Nach Sattler a. a. O., S. 506 ff. bezieht sich die Sitte, die Mägde am 13. Juli, als am Margarethentage, zu bingen, darauf, daß der Engel in der Anrede an Bischof Humbert die Reginswindis eine Perle des Herrn (Margaretham Domini) nannte.

[37]) Die einzige Quelle dieser Geschichte der Reginswindis sind die Acta Sanctorum Jul. S. 90 ff., und es beruft sich der dortige Referent auf ein pergamentenes Manuscript, das im Kl. Böddecken bei Paderborn gefunden wurde. Was wir in den Text aufgenommen haben, glauben wir aus folgenden Gründen für

Als Bischof Rugger von Wirzburg, ein geborner
Graf von Vaihingen, 1122 von seinem Gegenbischofe

Wahrheit anzunehmen zu dürfen: 1) Der Verfasser war von den
Zeiten Ernsts nicht besonders entfernt, denn er erwähnt der Stif=
tung des Klosters zu L. zu Ehren der Reginswindis, die 1003 statt=
fand, nicht, und der Schluß, den Eckhart a. a. O. aus der Be=
nennung Herbipolis auf die Abfassung des Berichts nach dem 11.
Jahrhundert macht, weil erst in dieser Zeit diese Benennung für
Wirzburg aufgekommen sey, ist keineswegs richtig, denn nach
Ussermann, episc. Wirceb. III. wurde dieses Wort schon im
Laufe des 11. Jahrhunderts gebraucht, wozu noch kommt, daß
unser Referent sich in derlei gesuchten Ausdrücken gefällt, so daß
er gar wohl der Erfinder auch dieses sonderbaren Wortes seyn
kann. 2) Der Verfasser bezeichnet sich, obwohl er sich nicht
nennt, als einen der zu L. wohnte, durch den Ausdruck: virgi-
neae parmati coëssentia glebae, d. h. vertrauend auf unsern
Wohnort, wo die jungfräuliche Hülle ruht; auch erhellt aus seiner
genauen Beschreibung des Laufes des Neckars zwischen den gran=
diosen Felsabhängen, daß er mit der Oertlichkeit gut bekannt
war. 3) Derselbe zog seine Nachrichten von den dortigen Prie=
stern ein, welche doch am Besten Aufschluß hierüber geben konnten.
4) Zwar ist der schwülstige Styl und die legendenhafte Aus=
schmückung wenig Zutrauen erweckend, allein letztere kann ihm
selbst auch so mitgetheilt worden seyn und er bezeichnet sich doch
dadurch als treuen Referenten, daß er von dem Endschicksale der
Wärterin, welches seiner Phantasie einen so reichen Stoff darge=
boten hätte, nichts erwähnt. 5) Die vielen Martyrologieen und
Breviarien in der katholischen Kirche, die sich hierauf bezogen,
setzen doch als Grund ihrer Entstehung eine solche Thatsache
voraus. 6) Anlangend den Einwand des Kanzlers Pfaff gegen
ihre Canonisation in seiner dissertatio vom J. 1754, qua bi-
gam sanctarum virginum W. H. et Regiswindam Lauffensem in
scenam academicam producit, S. 20, die Bischöfe haben damals
nicht mehr canonisiren dürfen und der Pabst habe sie auch nicht
canonisirt, so fällt derselbe — was Pfaff selbst S. 26 zugibt —
durch den Unterschied zwischen canonisiren im engern und weitern

Gerhard vertrieben wurde, ließ er sich an den Ufern
des Neckars nieder und soll namentlich in L. gewohnt

Sinn, welch letzteres auch beatifizirten hieß und den Bischöfen stets
zustand. — Herr Graf von Urküll, Hauptmann in Ulm, ist im
Besitze eines Gemäldes auf Leinwand, welches den Augenblick
darstellt, in welchem die h. Reginswindis auf dem Neckar zu L.
schwimmend aufgefangen wird. Wir geben davon nach gütiger
Mittheilung des Herrn Eduard Mauch in Ulm eine nähere Be=
schreibung, zumal da solches auch für die Kenntniß der früheren
Bauart von L. (vergl. Merian, Topogr. Sueviae) von Bedeutung
ist. Es ist 2' 7" breit und 3' 1½" hoch; der Neckar fließt vom
Hintergrund gegen den Beschauer vor; auf dem rechten Ufer er=
hebt sich ein Berg, auf welchem ein Theil der Stadt L. mit Ring=
mauern und Thürmen sichtbar ist. Dem Berge gegenüber, in der
Mitte des Flusses, ragt ein Felsen hervor, auf welchem eine
burgartig zusammengestellte Gebäude=Gruppe steht, durch eine
hölzerne Bogenbrücke mit der Stadt verbunden. Auf dem linken
Ufer erhebt sich eine sehr hohe Mauer, auf deren Erdaufküllung
eine Kirche steht, unten am Wasser etliche Häuser. Am Fuß des
Felsen steht eine Mühle und neben daran ein Mauerwerk ohne
Bedachung, dem ersten Stocke eines runden Thurmes ähnlich;
eine kleine hölzerne Brücke führt auf das rechte Ufer. Dieß Alles
im Mittelgrunde der Landschaft; im Hintergrunde führt eine sehr
ansehnliche steinerne Brücke mit vielen Bogen über den ganzen
Neckar, an den Enden der Brücke stehen viereckige Thürme. Den
Horizont schließen Gebirge ab. Auf dem Vordergrunde geht die
Handlung vor; die Figuren sind 1½' hoch. In der Mitte des
durch den Felsen getrennten und nun wieder vereinten Neckars
schwimmt auf dem Rücken liegend mit gefalteten Händen und in
ein blaues Gewand gehüllt die schön gelockte Reginswindis als
Kind von etlichen Jahren, mit h. Schein und die Augen ge=
schlossen. Auf jeder Uferseite steht ein Mann — vermuthlich der
eine ein Diener des Schlosses, der andere ein Fischer — mit einem
langen Hacken, um sorgfältig das Kind aufzufangen. Bei dem
Manne auf dem rechten Ufer steht die Säugamme in langem
rothem Gewande und den Kopf mit einem weißen Tuch umwickelt,

haben [38]). Er lebte von den Einkünften, die das Bisthum Wirzburg in dieser Gegend hatte, bis 1124, in welchem Jahre er nach einem vergeblichen Versuche, sein Bisthum wieder zu erlangen, ins Kloster Schwarzach sich flüchtete, wo er 1125 an der Pest starb. 1156—65 trat das Kl. Hirschau seinen hiesigen Hof an den Grafen von Calw ab, s. oben. Unter den Orten, in welchen Bischof Otto von Wirzburg 1216 seinem Domkapitel Einkünfte verpfändete, war ohne Zweifel auch L.

weinend und tief ergriffen; die Hände hat sie gehoben und flach aneinander gelegt; sie wird von zwei Häschern um die Arme mit einem Strick gebunden. Neben ihr steht ein reich gekleideter junger Mann, welcher die Gefangennehmung zu befehlen scheint, und hinter ihm und dem einen Häscher steht noch ein weiblicher Kopf mit weißem Tuch umworfen hervor. Die Tracht möchte aus dem Anfange des 16. Jahrhunderts seyn, zu welcher Zeit auch das Bild entstanden seyn mag. Der Meister scheint der fränkischen Schule nicht sehr fremd zu seyn. Unter dem Bilde steht in schwabacher Schrift:

Die rütten Züchtigung verdroß
Die Säugamm, mordt das Kind im schloff,
Würfts tobt in Neckher, schwimpt empor,
Würt gfunden, und gelegt in Chor.

Nach Pfaff in der angeführten dissertatio S. 23 ließ auch die Herzogin Barbara Sophia, welche ihren Wittwensitz in Brackenheim hatte, diese Geschichte malen, und es kam ein Theil dieser Gemälde auf Befehl des Hrz. K. Alexander in das Schloß zu Ludwigsburg, und in der Mitte des vorigen Jahrhunderts war auch in der Kirche zu L. ein Gemälde davon, s. IV, Kirchensachen.

[38]) Crusius I, 530. Sthfr. II, 66. Nach letzterem wohnte er in Heilbronn und L. und erbaute hier die Stiftskirche (Stadtkirche?) und gab dem Orte Marktgerechtigkeit. Nach Jäger, Frankenland II, 248 und Jäger, Heilbronn I, 49 wäre er nur in Heilbronn gewesen.

1003 den 25. Dezember gab Kaiser Heinrich II. auf Fürsprache seiner Gemahlin Kunigunde und auf Bitten des Bischofs Heinrich zu Wirzburg seine Güter zu Kirchheim a. N. zu Gründung eines Klosters in dem befestigten Ort (castrum) L., wo die h. Reginswindis begraben lag. Genannter Bischof vollführte dieß und stiftete hier ein Frauenkloster Benediktiner Ordens [39]).

IV. 1227—1361.

Hauptpunkte.

Die Reichstadt=Herrlichkeit hört schon wieder auf. L. kommt an Baden und von diesem an die Hofwarthe von Kirchheim, welche gleich den Dynasten von Magenheim drüben im Zabergau vor den übrigen Edelleuten hervorragen. Diese sind theils ortsangehörige Schirmvögte der Stadt, theils fremde und schon theilweise als Lehensträger von Württemberg hier begütert und ansäßig. An die Stelle der Reginswindiskapelle tritt eine Reginswindiskirche, deren Kosten aber den Kirchensatz erschöpfen. Ueberdieß kommen die Weltgeistlichen in Späne mit den genannten Hofwarthen, und ziehen den Kürzern, bis Wirzburg Rath schafft. Mehr Respekt hat der Adel vor dem Kloster, denn hier sind seine übercompleten Fräulein geborgen. Es wird daher dieses durch Vergabung und Kauf blühend, auch erhält es durch Itzingen Zuwachs.

---

[39]) Mon. Boic. 28. N. 204.

1227 verpfändete Kaiser Friedrich II. dem Markgrafen Hermann V. von Baden die Städte L.[1]), Sinsheim und Eppingen für 2300 Mark Silber, und nachdem dessen Sohn König Heinrich VII. den Pfandschilling herabgesetzt hatte, setzte ihn sein Vater wieder auf den alten Fuß. Die Pfandschaft wurde vom Reich nicht wieder eingelöst und so blieb L. vorerst bei Baden[2]). 1229 war Walther von L., Mönch, Zeuge in einer das Kloster Schönau betreffenden Urkunde[3]). 1231 lebte Walter I. von L., Schirmvogt dieser Stadt, und sein Sohn Reginhard. 1234 schenkte ersterer die Ortskirche zu Frauenzimmern sammt dem Kirchensatze dem dortigen St. Cyriacus-Stift, und es scheint, dieses Geschlecht habe sie (die Ortskirche) selbst gestiftet[4]). In der zweiten Hälfte dieses Jahrhunderts war Reinhard, ein Bruder des Vogts zu L., Stiftsdechant in Wimpfen[5]). 1258 starb der genannte Vogt Walter I., nachdem er auch dem Kloster bahier (s. dort) Einiges vermacht hatte. 1260 veräußerten die Vögte von L. Güter in Meimsheim. Der bekannte Albertus Magnus, † 1280, behauptete, der Neckar sey durch ein Erdbeben bei der Stadt L. so verzehrt worden,

---

[1]) Hier wird L. zuerst civitas, d. h. Stadt mit bürgerlicher Einrichtung genannt. Heilbronn kommt nur zwei Jahre früher als solche vor, Jäger, Heilbronn I, 51. Anm. 105. Ohne Zweifel war L. schon am Schlusse der vorigen Periode eine solche, und die Anfänge der Stadt überhaupt sind in die Zeit zu setzen, wo es noch castrum genannt wird.

[2]) Schoepflin, hist. Zar. Bad. I, 310 seq. und V, 192.

[3]) Gudenus, Sylloge, S. 170 vermuthet, er sey ein Sprößling der Grafen von L. gewesen.

[4]) Zabergäu III, 155 ff.

[5]) Jäger a. a. O. 65. Anm. 157.

daß er einen Tag lang eine Leuen (Meile) weit nicht mehr im alten Beete floß. 1288 starb Emmihard (Reginhard?) Vogt zu L., welcher dem Stifte Sindelfingen Einiges vermacht hatte [6]. 1293 ist Diemo, genannt Lonherre, Bürger in L., s. Kirchensachen. 1299 ist L. de Laufen Canonicus des Stiftes Mosbach.

1302 kommt Walter II. als Ritter der alten Stadt L. [7] in einer Urkunde vor, in welcher Graf Konrad von Vaihingen einen Hof und einen Theil des Zehenten zu Höpfigheim freite, welchen dieser im Namen seiner Töchter Engeltrud und Irmengard dem Kloster Rechentshofen gegeben hatte. In demselben Jahre hatten die Dynasten von Weinsberg den Wildbann von Neckargemünd an bis nach L. [8], auch verkauften die Grafen von Teck Güter daselbst an Württemberg [9]. 1309 lebte Wolfram von L. und seine Frau Adelheid und Tochter Gisela (s. Kloster); und 1324 sigelte er eine Urkunde, wobei er noch den Reichsadler im Wappen führte. 1327 verpfändete Gr. Ulrich von Württemberg seine Rechte an der Stadt L. an Mainz [10], löste sie aber

---

[6] Jäger a. a. O.

[7] Miles urbis veteris de Louphen. — Andere Städte in der Umgegend sind jünger, s. Zabergäu IV, 119.

[8] A. a. O. 115.

[9] Mit Sattler, Grafen F. I, 56, hier an ein untergegangenes L. bei Marbach zu denken, ist, da sonst nirgends hierüber etwas Gewisses sich findet, nicht wohl zuläßig, obwohl eine Sage davon unter dem Volke noch vorhanden ist. Wir nehmen daher mit Pahl, württ. Jahrbücher 1819, S. 218, an, daß die Grafen von Teck auch hier Leute und Güter, doch ohne Aufsichtsrecht, hatten.

[10] Der Grund dieser Verpfändung war ohne Zweifel der, daß Gr. Ulrich anfangs, wie bei mehreren Zabergäuer Orten, wegen der

bald wieder ein. 1330 lebte Elisabeth von Liebenstein, genannt von L. (s. Kloster). 1343 war Werner der Bul Richter im Dorf (s. Kirchensachen), und Albrecht der Hofseß Richter in der Stadt L. In demselben Jahre stellte Ritter Albrecht, der Hovewart, der Stadt Heilbronn eine Versicherung darüber aus, daß weder er, noch seine Erben, noch einer seiner Amtleute einen Floß auf dem Neckar bei L. aufhalten wolle, vielmehr sollen sie ohne alle Irrung und Zoll hinabfahren, und sollte es auch geschehen, daß er die Stadt L. versetzen oder verkaufen würde, so werde er die Zollfreiheit der Flöße auf dem Neckar bei L. mit in den Pfand= oder Verkaufsbrief aufnehmen [11]). Dieser Hofwarth saß selbst zu L., das er jedoch damals nur als Pfandschaft besaß, erst 1346 kaufte er Stadt und Burg L. Lut und Gute von Baden um 3000 Pfund Heller. 1347 theilen die von Walbeck und Wunnenstein ihre gemeinen Hölzer, die gelegen sind bei Hansen Wolfram von L. Holz. 1350 hatte Gerhart von Kirchhausen $1/8$ am Weinzehenten zu L. als württembergisches, von Vaihingen herrührendes Lehen, und Wilhelm von Klingenberg $1/4$ desselben Zehenten auch als württembergisches Lehen. 1353 verkauften Volmar Lemlin von Heilbronn und seine Hausfrau Agatha ihre Hofraithen zu L. in der Stadt und ihre Hofstatt zu L. im Dorf und all ihr Gut daselbst dem Hofwarthen zu L. um 170 Pfund. 1354—72 lebte Heinrich von Neipperg, Edel-

---

großen Entfernung unschlüssig war, ob er sie behalten wolle oder nicht. Zabergän I, 38 u. IV, 121. Hienach beantwortet sich die Frage, Württ. Jahrb. 1824, 67.

[11]) Jäger a. a. O. I, 120 und Anm. 331.

knecht, von L. genannt [12]). In erstgenanntem Jahre verkaufte Hans von Helfenberg, ein Edelknecht, gesessen zu L. im Dorf, dem Konrad von Liebenstein seinen Theil Weinzehenten zu L. der Stadt als württembergisches Lehen. Es gehörte damals die Fahr über den Neckar sammt einem Theile des Frucht- und Weinzehenten zu L. der Kirche daselbst, woraus viele Späne zwischen den Fergen und dem Hofwarthschen Gesind entstanden. Dieselben wurden so beigelegt, daß Ritter Hofwarth das Fahrrecht gegen eine gewisse Entschädigung erhielt (s. Kirchensachen). 1360 werden Gerhart von Ubstatt, Ritter und Beringer von Klingenberg, Edelknecht, verglichen wegen etlicher Güter zu L., welche jener diesem verpfändet hatte, nämlich wegen eines Hofs zu L., eines Theils des großen und kleinen Zehenten und des Wolboten Guts daselbst, und es scheint solches ebenfalls württembergisches Lehen gewesen zu seyn [13]).

Kirchensachen.

1227 wurde die Hauptkirche im Dorfe zu Ehren der Reginswindis, die damals heilig gesprochen und deren Gebeine den 15. Juli dieses Jahrs aus der von Bischof Humbert gestifteten Kapelle hieher gebracht wurden, erbaut [14]).

---

[12]) Zabergäu IV, 32.

[13]) Sattler, Grafen F. IV, 324.

[14]) Auf dem Grabmal der Reginswindis, welches früher auf der Gruft derselben im Chor der Kirche stand, nun aber ausserhalb derselben an der Nordseite des Chors sich befindet, ist die Inschrift: Anno Domini millesimo ducentesimo vicesimo septimo fuit canonisata et translata virgo et martir sancta Regiswindis et fundata ecclesia. Das Grabmal ist abgebildet bei Sattler, Gesch. des Hrz. Tab. XXX. Ueberbleibsel von dieser Kirche sind

1293 stiftet Diemo, genannt Lonherre, mit seiner Frau Reinliett, beides Bürger in L., einen neuen Altar in der S. Renswindiskirche rechts zur Ehre der h. Jungfrau Maria, der h. Katharina und des S. Nicolaus, und ein ewig Licht darauf. Dazu ordnet er einen eigenen Priester mit genugsamer Unterhaltung, der täglich Messe lese, auch wählt er sich seinen Begräbnißplatz im Chor dieser Kirche vor genanntem Altar. Zudem soll sein Jahrestag durch den Pfarrer zu L. und zwei andere ehrbare Priester begangen werden. Es sigelt Ruprecht, Pfarrer an dieser Kirche und die Stadtgemeinde zu L., welche noch den Reichsadler im Wappen führt.

1300 stiftete Markgraf Hermann zu Baden an die Frühmesse dieser Kirche 6 Malter jährlichen Giltrocken aus dem Frohnhof zu Kirchheim und 1321 Konrad Geyger und seine Hausfrau an den St. Martinsaltar ebendaselbst Einiges. 1341 gaben Gebehard, Pastor der Kirche zu L., und die ganze Einwohnerschaft ihren Abgesandten Bettelbriefe für ihre Reginswindiskirche, weil dieselbe verarmt und von Büchern und Zierrathen entblöst war, und die eigenen Mittel zur Anschaffung derselben nicht hinreichten. Dieser

---

wahrscheinlich auch eine im südlichen Theile des Chors der jetzigen Kirche befindliche Thüre mit Bedachung, unter welcher wohl die Gruft der Reginswindis ist, die fensterartige Nische daneben und der Altarstein in der Mitte des Chors. Aus späterer Zeit, doch ihr auch noch angehörig, sind ein Grabstein, zwei Sonnenuhren und der Oelberg, s. die folgende Periode. Ausserdem ist von der Beschaffenheit der alten Kirche noch das bekannt, daß sie mit Schiefer bedeckt und mit goldenen Knöpfen und 4 Erkern geziert war. Die Wiedererbauung der Kapelle fällt wahrscheinlich in die folgende Periode, s. dort.

Nothstand erklärt sich theils durch den früheren kostspieligen Kirchenbau, theils durch die Menge der hier begüterten Edelleute, von denen namentlich die Hofwarthe von Kirchheim keine Freunde der Ortsgeistlichkeit waren. Letztere machten 1354 den Fahrzoll über den Neckar, der den Pfaffen und Heiligendienern zur Besoldung und Unterhaltung angewiesen war, streitig, bis endlich der Bischof von Wirzburg dahin vermittelte, daß diese Kirchendiener durch andere stattliche Güter und Gefälle entschädigt und noch überdieß alle Geistliche, Studenten, Schüler und Weibspersonen des Fergenzolls gefreit wurden.

Das Kloster erhielt nach 1258 einige Güter von Vogt Walter I. durch Vermächtniß, 1285 von Heinrich, genannt Strülle, zu Heilbronn einige Güter zu Flein, Sülzbach, Wimmethal und Gelmerspach und 1288 von dem Kloster Weil um 36 Pfund Heller einen Hof zu Dürrenzimmern. Von 1291 an, wo die Klostermühle neu erbaut wurde, bis 1344 erhielt es von verschiedenen Kaisern Mühlfreiungsbriefe. In letzterem Jahre erlaubte Kaiser Ludwig IV. statt der abgebrannten eine neue zu bauen [15]. 1299 erhielt es von Mechtild von Westheim etliche Aecker zu L., und verglich sich wegen des Patronatsrechts der Kirche zu Itzingen [16] mit Marquard von Canstatt, Canonicus zu Sindelfingen, welchem es auch seinen Weinberg

---

[15] S. über dieses Recht, das die Kaiser überhaupt und auch hier übten, Cleß B, 394 ff.
[16] 1275 erhielten die Klosterfrauen zu Itzingen durch Heinrich, Canonicus in Sindelfingen und Rector der Kirche in Westheim, von Adelheid, der Tochter seines Bruders Reinhard, genannt Gram, Güter in Thalheim und 1277 durch denselben von Elisabeth, einer Schwester

zu Canstatt sein Lebenlang zu nießen gab. Hieraus folgt, daß um diese Zeit das Kloster Jtzingen mit dem hiesigen combinirt wurde [17]).

1309 waren Gisela, eine Tochter des Wolfram aus L., Irmengard von Urach, Elisabetha und Margaretha von Klingenberg Klosterfrauen allhier, auch verschrieb Irmengard von Frauenberg dem Kloster 30 Pfund Heller jährlich zu einem Seelgeräth. 1310 gab Dietrich von Wurmlingen und Adelheid, seine eheliche Hausfrau, den genannten Klosterfrauen von Klingenberg 2 Pfund Gelds an Korn zu Hausen, welches sie aber 1323 an Baden verkauften. 1311 übergab Wolfram von Klingenberg dem Kloster 16½ Pfund Heller aus einem Gut zu Hausen. 1312 vermachte ein Zimmermann zu L. dem Kloster all sein Gut, weil er es in dessen Dienst erworben hatte, und 1330 Elisabeth von Liebenstein, genannt von L., mit Einstimmung ihres ehlichen Wirths, Konrad von Lupfen, etlich Gelt aus einer Wiese zu L. hinter dem Kloster, die sie gekauft hatte von Johannsen von Klingenberg, ebendemselben zu einer Jahreszeit, die soll man zu Jtzingen begehen. 1337 verkaufte Walter von Halle zu Eßlingen den Klosterfrauen Hofsäßen und Elpen dahier etliche Wiesen und Aecker. 1343 erhielt das Kloster von Werner dem Bul, Richter zu L., all sein Gut durch Vermächtniß, 1347 von den Gebrüdern von Wunnenstein das Holz zu dem Rothen Brunnen durch Kauf, 1348 von Ulrich von Hohenhart 2 Morgen Aecker und ein

---

der Adelheid, Güter in Belbach und Canstatt, so wie 1278 von Adelheid von Liebenstein 14 Morgen Weinberge in Quixenbach (Kürnbach).

[17]) Vergl. Pfaff, G. W. I, 198.

Stück Wiesen und 1357 von Agnes von Wunnenstein einen Wald, der Stocksberg genannt, gelegen an der Senzenbach, auch besaß es Gefälle in Botenheim.

V. 1361 — 1534.

Hauptpunkte.

Eine Hochzeit gibt Veranlassung, daß L. an Württemberg kommt. Dieses errichtet die Obervogtei L. mit den Amtsorten Gemrigheim und Ilsfeld, findet auch hier für nöthig, sich schriftlich Treue geloben zu lassen, legt den See an, erbaut die Neckarbrücke, läßt eine Weinrechnung einführen, hebt den durch die Pest fast abgegangenen Ort durch besondere Vorrechte wieder, kauft nach und nach den Adel fast ganz aus, obwohl es in Geldnoth ihm mehreremal den Ort verpfändet, und unterhält in der Burg eine Besatzung, deren Ausfall ein Scharmützel in der Nähe verursacht. L. ist zwar immer noch Reichslehen, erhält aber doch das Botenmännlein ins Wappen. Vom schwäbischen Bunde wird es erobert. Im Bauernkriege schlägt es sich, von der Regierung nicht rechtzeitig unterstützt, zu den Bauern. Die Unterhandlungen, die hier stattfinden, führen zu nichts. Der helle christliche Haufen bildet sich. Für den Pfeifer von Ilsfeld wäre der Kabylentod bei Dahara noch Wohlthat gewesen. An Pfründen, folglich auch an Geistlichen, ist kein Mangel. Reginswindis erhält einen silbernen Sarg, die Meinung Anderer aber ist, sie könne auch in einem zinnernen ruhen, ihre Kirche wird restaurirt und, wie es scheint, für ihre abgegangene Kapelle eine neue erbaut. Die Prediger in L. und Ilsfeld sind die Herolde der Reformation. Ungeachtet der Erweiterungen des Klosters durch Schenkung und Kauf ist es doch in Gefahr, auszusterben. Da wird es von Adelberg aus aufs neue besetzt und begütert. Bitterungern aber verlassen die dortigen Klosterfrauen den süßen Ort, wo Eine Ringmauer sie mit dem Mannskloster verbunden hatte, und Katharina, die gräfliche Priorin, nimmt gar den Reißaus.

1361 bot Albrecht, Hofwarth von Kirchheim, der ältere, auf einem Turniere, welches Gr. Eberhard von Württemberg zur Feier der Vermählung seiner Tochter Sophie mit Herzog Johann von Lothringen veranstaltete, genanntem Grafen und seinem Bruder Ulrich Stadt und Dorf L. mit Zugehörde zum Kauf an. Diese nahmen das Anerbieten an und kauften den größten Theil unmittelbar darauf für 5960 Pfund Heller [1]). In demselben Jahre war Kaiser

---

[1]) Sattler, F. I, 195. — Die Kaufsurkunde ist noch auf dem K. Staatsarchiv auf Pergament mit 2 Sigeln vorhanden und es heißt in derselben: Ich Hofwart der elter Ritter, vergihe vnd thue kunt offenlich an disem Brief, für mich vnd alle min erben vnd nachkommen allen den, die diesen brief ansehent, lesent oder hörent lesen, das ich — — — han verkouft vnd ze kauffen geben, recht vnd ouch redlich für aigen, dem edlen minem gnedigen Herrn Graue Eberhard vnd Graue Ulrich von Wirtenberg vnd allen iren erben — — — Louffen min Burg vnd Statt, vnd die driv teil des Gerichtes, an dem Dorf Louffen jenfit Neckars gen die vorgenannte Burg vnd Statt Louffen gelegen, mit Luten vnd mit Guten, an Holz an walde, an ekkern, an wisen, an wingarten, an Stüren, an Vngelten, — mit allen

Karl IV. in L. und erließ von hier aus ein Schreiben, die Burg Klingenberg betreffend²). 1363 hatte Kunz von Bietigheim ⅛ des Kornzehenten zu L. von Württemberg zu Lehen. 1365 verkaufte Wernher Sturmfeder 3 Pfund von dem Fahr zu L. am N., wie es scheint, an Württemberg. 1366 verkaufte Gerhard von Ubstatt seinen Theil Zehenten zu L. an Erkinger den Hofwarth und in demselben Jahre hatten Johann Zitwein von L. und seine Hausfrau Adelheid 1/16 am Weinzehenten und ⅛ am Fruchtzehenten daselbst. 1369 kam vollends der Rest der Hofwarth'schen Besitzungen an Württemberg. Dieser bestand in der von Gerhard von Ubstatt gekauften Burg an dem Neckar und den Zugehörungen in dem Dorf und auswärts in andern Dörfern und Weilern, und wurde um 3600 fl. verkauft³),

---

nutzen vnd rechten, so darzu gehört, vmb fünf tusend Pht nun hundert Pht vnd Sechzig Pht guter Heller. — — —. Der Brief ist geben ze Stugart, an dem Suntag, so man singet Judica, do man zalt von Christes geburt drutzehenhunderdt Jare vnd in dem einen vnd Sechzigsten Jare.

²) Jäger, Heilbronn I, 137. Anm. 392.

³) Auch diese Kaufsurkunde ist auf dem K. Staatsarchiv auf Pergament jedoch ohne Sigel, vorhanden und es heißt darin: Ich Hofwart von Kyrchein Ritter vnd ich Eckenger Hofwart sin Sune verjehen vnd tun kunt öffenlich mit disem Brief, — — — für vns vnd alle vnser erben, daz wir dem Edeln vnserm gnedigen Heren Grave Eberhart von Wirtenberg vnd allen sinen erben vnd nachkomen ze kouffen geben haben, vnd ze kouffen geben mit disem Brief recht vnd redlich zu einem ewigen steten kouff — — — Louffen vnser Burch an dem Neker, vnd alles baz darzu gehört in dem Dorffe ze Louffen, vnd vswendig in andern Dörffern vnd wilern, — — — — aygen vnd lehen mit aller gewaltsami vogtien vnd gerichten — — — ez sie an äkern, an wisen, an winngarten, an zehen-

ferner in einem halben Hof und Zehenten zu L. im Dorf, welcher Hedwig von Neuenstein, des Erkingers Hausfrau, für 800 fl. versetzt war [4]). Kurz vorher hatte sich genannter Erkinger, der Hofwarth, gegen Walter den Grafen, Vogt im Zabergau, um 110 Pfund Heller verschrieben, wofür er ihm seinen Hof, der zu L. der Burg gehörte, verpfändete und 1375 verpfändete Wilhelm von L., Wolframs des Vogts Sohn, eben diesem Walter seinen Wein- und Kornzehenten daselbst auf 3 Jahre um 120 fl. Dieß ist der letzte bekannte Ortsabliche. 1370 war Konrad von Talheim zu L. wohnhaft. 1379 wurde der zwischen Württemberg und den Herrn von Neipperg strittige Zehenten zu L. ersterer Herrschaft zuerkannt [5]). 1383 mußten sich die Einwohner von Stadt und Dorf verschreiben, sich von der Herrschaft Württemberg nicht zu trennen, was sich auch hier, wie im Zabergau, durch die Nähe der Stadt Heilbronn und des Wunnensteins erklärt [6]). Nach der betreffenden Urkunde hatte die Stadt L. damals gegen 35 und

---

ben, an holtz an velbe, an wassern an wayden by wasen vnd by zwie (Zweigen) vnd mit allen rehten vnd gewonheiten — — — mit luten vnd mit guten, alz wir die vorgenante Burch mit aller Zugehörde kouften vmb Her Gerharten von Wbstat vnd alz wir ez vns her (bisher) inne gehabt haben — — — vmb sechs vnd brizzig hundert gulbin guter vnd geber, der er vns gentzlich gewert vnd bezalt hat — — — ze Stuttgarten an Dinstag nach dem heiligen Ostertag, do man zalt von Gotes Geburt driutzehenhundert Jare vnd darnach in dem niun vnd sechtzigisten Jare.

[4]) Die betreffende Urkunde ist ebenfalls noch in genanntem Archive vorhanden.
[5]) Jäger a. a. O. 163.
[6]) Zabergäu II, 18. 20.

das Dorf gegen 60 Bürger, und beide hatten Einen Schultheißen. 1386 kommt zuerst ein württembergischer Obervogt vor. 1389 trugen die von Klingenberg Zehenten zu L. von Württemberg zu Lehen [7]).

1400 besaß Agnes, die Frau des Gerhard von Talheim, geb. von Kirchberg, die vorher an Johann von Liebenstein verheirathet war, ¼ am Zehenten zu L. der Stadt. 1408 verkauften die von Lupfen an die Kinder Konrads von Gemmingen, genannt Mayer, Kirchherrn dahier, Hans, Renhart, zween Konraden, Diethern und Elsen, ihren Hof zu L. um 80 fl. 1416 versetzte Wilhelm von Sachsenheim, zu Hohenheim gesessen, Gerlach, dem Vogt zu Brackenheim, die Güter und Gilten, auch fahrende Habe, die seine Frau, Else von Gemmingen, von ihrem Vater Dieter ererbt, um 100 fl. auf Wiederlosung. 1417 verwies Friz von Liebenstein seine Hausfrau Dorothea von Beilstein um 1600 fl. auf Otmarsheim halb und Güter zu L. 1419 verkaufte genannter Wilhelm von Sachsenheim an Württemberg seine vorhin angeführten Güter zu L. um 60 Pfund, wobei er sich die Wiederlosung auf etliche Jahre vorbehielt. Das Geld zahlte Gerlach, Vogt zu Brackenheim, aus. Unter den Edelleuten, welche 1420 den Herrn von Gerolbseck in der Fehde mit Wolf von Bubenhofen absagten, war Konrad von L., genannt von Gemmingen. In eben diesem Jahre wird L. als der Herrschaft Württemberg eigen aufgeführt. 1422 verkauften Hans, zween Konrade und Diether, Gebrüder von Gemmingen, den obengedachten Hof zu L. an das Kloster Adelberg um 95 fl. 1428 empfängt

---

[7]) A. a. O. IV, 78.

Syfried Osterbrunn von Rieringen ¼ am Kornzehenten zu L. unter der Stadt und ½ vom Kornzehenten auf dem Feld, so wie ¼ Zehenten aus etlichen Weingarten (und ein Höflein zu Horkheim), die soll er tragen Annen von Klingenberg, seiner Hausfrau, und 1437 erhält er diese Einkünfte durch Tausch von Württemberg zu eigen [8]). 1432 wurde L. mit Ilsfeld und Gemrigheim an Hans von Helmstätt, welcher sofort hier wohnte, versetzt und es fanden sich bei der Uebergabe der Burg eine große Glotzbüchse, 3 kleinere und 24 Handbüchsen, nebst einem Centner Pulver und Blei u. dergl. [9]). Hier kommen diese beiden Dörfer zuerst in Verbindung mit L. vor, gehörten aber sehr wahrscheinlich schon seit der Errichtung der württembergischen Obervogtei daselbst dazu. 1434 verkauften Hermann Nest von Oberkein und seine Hausfrau, Dorothea von Wisenbrunnen, den beiden Grafen von Württemberg den vierten Theil, den sie noch an dem zwischen der Stadt und Dorf L. gelegenen Schloß gehabt, sammt einem Theil an dem Zehenten und einigen andern Gefällen um ein Leibgeding, wobei die Burg oder Stadt L. zum Wittwensitz, wenn sie diesen Lichtenberg vorzöge, vorbehalten war. Weil aber sowohl dieser Theil des Schlosses, als auch die übrigen nach und nach an Württemberg erwachsenen Theile von dem römischen Reiche zu Lehen rührten, so empfing sie Gr. Ludwig in demselben Jahre für sich und seinen Bruder Ulrich von K. Sigmund

---

[8]) Sthfr. II, 798.
[9]) Sattler. F. II, 123 ff. Sthfr. II, 760 ff. — Auf keinen Fall war Kirchheim, Horkheim und das Höflein zu Hohenstein lang damit verbunden.

zu Ulm zu Lehen [10]). 1438 lauerte Eberhard von Neipperg bei Besigheim, L. und Ilsfeld auf die Heilbronner [11]). 1440 verkaufte genannter Syfried Osterbrunn von Rieringen seinen Antheil an dem Korn-, Wein- und kleinen Zehenten zu L. an das Kloster Frauenzimmern um 1300 fl. in Gold, dieses aber veräußerte solches schon 1443 wieder an Württemberg. 1450 wurde gegen die württembergischen Amtleute in L. von den Heilbronnern geklagt, sie haben einen armen Mann auf dem Hipfelhof, der in die Leibeigenschaft Hansens von Sickingen an den Berg gen Scheuerberg gehöre, darum gefangen gelegt, weil er auf des Spitals Hof zu Wimpfen gesessen, und haben ihn um 56 fl. geschätzt [12]). 1454 legte Gr. Ulrich den See an. 1460 hatte er einen Theil seines reisigen Zeugs hier [13]), und es machte die hiesige Besatzung unter den Hauptleuten Konrad Stein von Klingenstein und Wolfram von Tachenhausen gegen die Pfälzer, welche unter Albrecht von Berwangen mit 300 Reisigen, in der Absicht, mit Hilfe der von Wimpfen und Heilbronn einen Fischwog abzugraben, gegen L. vorrückten, einen Ausfall [14]), wobei es zu einem Scharmützel bei Wüstenhausen [15]) kam. 1461 versprach Pfalzgraf Friedrich mehreren württembergischen Orten, worunter auch L., Ilsfeld und Gemrigheim waren, Sicherheit [16]). 1464

---

[10]) Sattler a. a. O. 127. Sthfr. a. a. O. 781 ff.
[11]) Jäger a. a. O. 198.
[12]) A. a. O. I, 222.
[13]) Sthfr. II, 1027.
[14]) Sattler a. a. O. 262.
[15]) S. dort.
[16]) Sattler, F. III, 5.

war L. an Peter von Liebenstein, welcher auch hier in der Burg wohnte, verpfändet. 1469 wurde zwischen der Pfalz und Württemberg ein Vertrag abgeschlossen, nach welchem das auf der Murr herabkommende Bauholz zu Besigheim und L. gleich verzollt werden sollte [17]). 1473 unterschrieb Stadt und Amt L. den Uracher Vertrag. 1474 baute Gr. Ulrich die Brücke über den Neckar und zog dafür den Weg-Brücken- und Floßzoll sammt den dazu gehörigen Zehenten auf des Dorfes Markung, der Fahrzehent genannt, ein, auch eignete er sich 11 Pfund Heller, welche Stadt und Dorf L. bisher einem Fergen für Brod, Korn und Wein jährlich geben mußte, zu. 1529 aber, an St. Veitstag, fiel sie in Folge eines heftigen Regengusses ein, und wurde erst in 3 Jahren wieder erbaut [18]). 1475 und 85 wurden die Bürger von Schatzungen und Frohndiensten befreit, sollten aber dafür Stadt und Schloß gut bewachen [19]). 1476 hatte Bernhard Nothaft ein Leibgeding von Diethern von Weiler auf den Zehenten dahier verschrieben. 1478 verkaufte Gr. Ulrich an Gerhard von Talheim der Herrschaft eigen Haus zu L. sammt der Hofraitin, und was dazu gehörte, daran Gerhard vorher noch ein Haus hatte, um 70 Pfund Heller, doch daß ers zu Lehen trage [20]). 1480 beginnt die Weinrechnung [21]), und in demselben Jahre wurde das Rathhaus

---

[17]) Jäger a. a. O. 257.
[18]) Südlich an der Dorfkirche steht noch ein später hieher versetzter Stein mit der Inschrift: Anno Domini 1529 da der Neckar so gros war.
[19]) Pfaff II, 358.
[20]) Sthfr. III, 287 ff.
[21]) Sthfr. gibt sie von da bis 1658. Bei Vergleichung derselben

erbaut, auf welchem vermöge Vergleichs alle Mahlzeiten und Zechen gehalten werden sollten, auch wurde damals ein Wochenmarkt eingeführt, denn vorher hatte man Alles auf dem Kirchhof verkauft. 1481 unterschrieb L. den Vertrag zwischen Gr. Eberhard dem ältern und jüngern [22]). 1482 versicherte Dietrich von Weiler, württembergischer Landhofmeister, das Zubringen seiner Frau, Anna von Gültlingen, mit seinem lehenbaren Korn- und Weinzehenten zu L., wozu Gr. Eberhard der jüngere seine Zustimmung ertheilte, unter Vorbehalt seiner und seiner Lehensmannen darauf habenden Rechts und unter der Bedingung, daß sowohl zur Lehens-Empfängniß als auch zu gebührenden Diensten ein als Lehensträger tüchtiger Wappengenosse gegeben werde [23]). Bei der in diesem Jahre hier, wie im ganzen Lande, grassirenden Pest sollen 1300 Menschen umgekommen seyn, und es gerieth das Städtlein fast in Abgang, was Gr. Eberhard den ältern 1485 veranlaßte, zu seiner Erholung demselben viele schöne Privilegien zu geben [24]). 1490 war L. an Simon von Liebenstein, der in der Burg daselbst wohnte, verpfändet. 1493 verkaufte Heinrich von Liebenstein an Gr. Eberhard sein Achtel an

---

mit der Brackenheimer (Zabergäu II, 78—81) stellt sich Folgendes heraus: Der Preis der Laufener Weine war in 123 Jahren höher und in 46 Jahren niederer als der der Brackenheimer, und fünfmal standen sie einander gleich. Vier bei Laufen fehlende (1536, 1556, 1558, 1571) und ein bei Brackenheim fehlender Jahrgang (1599) lassen sich annähernd gegenseitig ergänzen.

[22]) A. a. O. 340.
[23]) Sattler a. a. O. 188 und Bl. 98.
[24]) Sthfr. a. a. O. 431.

Freveln, Fällen, Zinsen und aller Obrigkeit zu L. um 280 fl. Rheinisch. 1494 hatte L. die Stadt schon das Botenmännlein im Wappen. Noch ist in Beziehung auf das 15. Jahrhundert zu bemerken, daß damals schon die Straße von Ulm über L. nach Heilbronn ging und zwar von da an über Flein [25]).

1502 sollen bei dem allgemeinen Landsterbend hier 1059 Menschen umgekommen seyn. 1504 verlangte Hrz. Ulrich, die Stadt Heilbronn solle seinem Keller von Göppingen die von Hrz. Jörg von Baiern in der Stadt zurückgelassenen Weine nach L. führen, was aber nicht willfahrt wurde [26]). 1508 stand noch die Badstube, sie war in der Vorstadt beim Badbrunnen, der auch Galbrunnen hieß, und gehörte Württemberg. In den Kriegszeiten ging sie ab. 1511 versetzte Hrz. Ulrich dem Philipp von Witstat, genannt Hagenpuch, für 1300 fl. gegen 65 fl. Zins und Gilt die Einkünfte von Stadt und Amt L., auch war bedingt, daß auf die erste Mahnung wegen der Bezahlung des Zinses und der Gilt 2 erbare Männer von dem Gericht und 2 von der Gemeinde zu L. nach Baden oder Pforzheim geschickt und dort als Geiseln bleiben sollten, bis die Bezahlung erfolgt sey [27]). 1514 ertranken 5 Personen. 1519 zog der schwäbische Bund von Canstatt aus nach Marbach und L., welche Städte sich gleich ergaben [28]). 1522 verordnete die östreichische Regierung wegen des Gerüchts, Hrz. Ulrich

---

[25]) Jäger, 86.
[26]) A. a. O. 284.
[27]) Wilhelmi, 3. Jahresbericht, 64 ff.
[28]) Sthfr. IV, 598.

wolle mit Hilfe der Schweizer wieder kommen, Dietrich von Weiler [29]) solle Hauptmann im Zabergau seyn und L., welches ein fester Punkt war, besetzen [30]). 1523 hatten die von Liebenstein Theil am Zehenten zu L., s. Kirchensachen.

Der Bauernkrieg [31]).

Zu Anfang Aprils im Jahr 1525 wollte die östreichische Regierung zu L. eine Werbung veranstalten, dieselbe mißlang aber fast ganz, wie die zu Marbach und Stuttgart. Den 17. dieses Monats berichtete der Vogt von L., es seyen die von L. von 3 Abgeordneten von Bottwar mündlich aufgefordert und ihnen dabei vorgetragen worden, daß sie unter sich einen besonderen Haufen machen wollten, die ganze Gemeinde habe aber der angedrohten großen Gefahr unerachtet beschlossen, vorerst noch bei der Herrschaft anzufragen, und um Hilfe zu bitten, weßwegen sie durch Eigenen tröstliche Hilfe erwarten wollen. Diese zögerte aber, und als sie endlich unter Anführung Ludwig Zieglers herannahte, erklärten sie, jetzt sey's zu spät, sie fragen nicht mehr viel nach ihnen, und schlossen sich an die Bauern an, welche vom Wunnenstein 18—20. April über Gemrigheim (s. dort) nach L. zogen und daselbst auf freiem Felde ein Lager schlugen. Uebrigens war schon vorher eine

---

[29]) Dieß ist der Sohn des 1482 erwähnten Obervogts von Bottwar und Beilstein. Derselbe wurde mit seinem Sohne gleiches Namens bei Weinsberg ermordet. Cast, Adelsbuch S. 378. S. auch das J. 1523.
[30]) Zabergäu IV, 184.
[31]) Gedruckte Quellen: Heyd, Hrz. Ulrich II, 219 ff., Jäger II, 25 ff., Pfaff, Miscellen 19 ff., Sattler, Herzoge II, 128 ff., Zabergäu IV, 4 ff., Zimmermann, Bauernkrieg II, 117 ff.

Anzahl Laufener, an deren Spitze Wendel Mezger [32] stand, auf den Wunnenstein gegangen, nit der Meinung, bei den Bauren daselbst zu bleiben, sondern allein zu sehen, was für Wesen und Fürnemen seyn wollte, und handelten für sich selbs sonderlich nichts. Als nun die Bauern vom Wunnenstein herabzogen, kamen diese auch mit, und einige wollten nicht weiter mit dem großen Haufen ziehen, wurden aber dazu genöthigt. Im Lager bei L. nun wurde Matern Feuerbacher, der frühere Wirth und Rathsherr zu Großbottwar, wieder zum Bauernhauptmann eingesetzt, nachdem er unterwegs, weil er zu weich sey und es mit dem Adel halte, abgeschafft worden war, auch erhielten mehrere Ganerben von Bönnigheim Schirmbriefe für ihre Person. Ferner sandte man den 20. April ein Schreiben an die Besigheimer ab, sie sollten zu ihnen kommen in ihr christenlich Versammlung, helfen zu erheben, daß der Armmann fürohin unbeschwert, und das h. Evangelium nach dem Wort Gottes verkündigt werde. Sodann wurde eine neue Unterredung mit den Abgeordneten des Landes [33] vor der Stadt an der hohen Mauer gehalten. Man kam auf die 12 Artikel der Bauern an der Donau, welche von der Re-

---

[32] Die übrigen waren: Petterlin Mouch, Hanns schmid, Bernhart Schmids Tochtermann, Hannsen Hans, Baltas Mezger, Bältin Robwyß, Hans Schuhmacher, Jerg Rembolt, Martin Mögelin, Joachim und Martin Weng Gebrüder, Hanns von Jung, Endris Herolt, Melchior Graw, Schnydersknecht, Alexander kraz, Philips schnüwer, vytt kein schnider, Michell Rembolt, Iwehr Bastian und Mathys Sybolt, Jerg Rechberger, Hans Rembolt, Jacob Menolt.

[33] Schon auf dem Wunnenstein war hierüber verhandelt worden.

gierung angenommen werden sollten, und auf das Abhalten eines Landtags zurück. Einer der Abgeordneten machte sogar das Anerbieten, man solle im freien Feld einen Landtag halten und dem Fürsten die Artikel zuschicken; allein M. Feuerbacher erklärte in Beziehung auf den ersten Punkt, die Artikel zu übergeben stehe nicht mehr in seiner Macht und in Betreff des zweiten Punkts schrieen die ihn begleitenden Bauern: Wir wollen kein Landtag han, wenn wir ein Landtag haben, so landtaget man nintz, denn daß man Geld muß geben, und M. Feuerbacher setzte hinzu: Wenn die drinnen wüßten, daß er so lange mit ihnen rathschlage, sie schlügen ihn zu todt. Bald zerschlugen sich die Verhandlungen gänzlich, denn es vereinigte sich nun auch der Stocksberger Haufe, der unter Anführung des wilden Hans Wunderer bereits im Zabergau und in der Umgegend übel gehaust hatte, und zunächst von Bönnigheim herkam, und Jäcklein Rorbach von Böckingen [34]), noch vom Blute der Weinsberger Mordthat triefend, an der Spitze von 200 Gesellen mit ihnen, so daß sie gegen 8000 Mann stark wurden. Sofort organisirten sie sich, stellten zu Hauptleuten den genannten Feuerbacher und Wunderer auf, gaben ihnen einen Ausschuß von 32 bei, und nannten sich den hellen christlichen Haufen. Den 21. April schickten sie eine Botschaft nach Vaihingen, daß man ihnen 60 Mann sammt Feldgeräthe schicken solle und den 22. April zogen sie von L. weg nach Bietigheim Stuttgart zu, nachdem sie in Verbindung mit den nächsten Ortsbewohnern das hiesige Kloster geplündert hatten. Unter den Laufenern, die

---

[34]) Auch früher schon war er von Flein aus mehreremal da gewesen.

weiter mitzogen, war M. Klöpfer. In Folge dieses Abfalls von L. wies die Regierung ihre Aufgebote nach Marbach. Auf die Nachricht von der Niederlage bei Böblingen kam Wendel Hipler den 15. Mai von Heilbronn über Thalheim nach L., um hier ein Feldlager zu errichten zum Sammelplatz für die Trümmer des württembergischen Haufens. Da aber die Stadt Heilbronn sich unterwarf, so mußte er das Feldlager von L. nach Weinsberg zurückverlegen. Gemrigheim schloß sich in diesem Kriege an L. an, Ilsfeld aber, (s. dort) an den Odenwalder und Neckarthaler Haufen. Nach demselben wurden Wendel Metzger und Consorten eine Zeit lang gefangen gesetzt und mußten sodann Urphede schwören, daß sie sich aller Wehr, Waffen und öffentlicher Gesellschaft enthalten wollen, sie wußten sich jedoch durch ein dem Kanzler D. Winkehöfer gegebenes Geschenk loszumachen, was 1536 zu einer Beschwerde bei der Regierung Veranlassung gab. 1526 wurde Stadt und Amt L. wegen Beschädigung des teutschen Hauses zu Vaihingen eine Entschädigungssumme angesetzt. Auf den im September 1525 berufenen Landtag wurde auch die Stadt L. beschieden.

Schultheiß für Stadt und Dorf war 1331 Contz Gerung.

Obervögte: 1386 Hans Krieche [35]), 1446 Hans Nothaft, 1456 Hans von Kaltenthal der ältere, 1458 Peter von Liebenstein, 1470—1505 Gerhard von Talheim [36]),

---

[35]) Führte ein Wappen wie Sturmfeder.
[36]) Kam 1474 mit 6 Pferden zur Hochzeit Gr. Eberhards des ältern (Sthfr. III, 229), war 1484 Abgeordneter von Württemberg bei einem Vergleich mit der Pfalz (a. a. O. 445), und 1498 unter

1506—17 Sebastian von Nippenburg, auch zu Bracken=
heim [37]), 1521—27 Schenk Erasmus von Limpurg,
1527—32 Eberhard von Frauenberg, auch zu Beilstein.

Keller: 1454 Johann Motz, 1511 Berchtold Heßlich,
1515 Stephan Reinbold.

Stadtschreiber: 1511 M. Martin Lahrin.

Untervogt: 1520. Lienhart Kartter.

Kirchensachen.

Kirchherr: 1408—12 Konrad von Gemmingen, ge=
nannt Mayer.

Orts=Geistliche: 1442 Pfaff Kylian Pregentzer,
Pfarrer, Pfaff Hans Frycz, Pfaff Konrad Schütz und Pfaff
Bertholt Meynolt, letztere 3 Pfründner in der Pfarrkirche,
Gerlach Model; 1454 Hans Entlin, Kaplan, Johann Motz
Kaplan und Keller; 1463 Meister Ludwig Epp, später
Pfarrer, † 1507; 1491 Simon Wagner, Prädikant; 1516
Hans Schölberlin, Pfarrer, Hans Müller, Kaplan; 1523
Hans Römbolt, Pfarrer, Hans von Talheim, Kaplan, Kon=
rad Eblin, Kaplan, Michel Epp, Kaplan.

An der Thüre der südlichen Seite der Dorfkirche links
ist noch ein Grabstein vom Jahr 1415 [38]). Ums Jahr 1453
gehörte L. zum Ruralkapitel Weinsberg, 7. Archidiakonat
und Bisthum Wirzburg. Es waren daselbst ein Haupt=

---

denen, welche Gr. Eberhard dem jüngern den Gehorsam auffkün=
deten (Sattler, F. I, Bl. 12, 28.).

[37]) Zabergäu II, 14. Anm. — Auch wurde er 1514 wegen des at=
men Konzen nach Stuttgart berufen (Sthfr. IV, 63).

[38]) Er hat die Inschrift: Anno Dmi MCCCCXV obiit Conrad Ne-
ring neunzig alt (et) uxor (et) amandus Jonnes filius eorum,

Pfarrer und vier Kapläne, deren Geschäft im Singen und Lesen (Vorlesen) bestand. Sie hatten in der Pfarrkirche zu versehen einen Altar für den h. Martin, einen für alle Apostel, einen für den h. Nikolaus, und einen zu Ehren unserer l. Frauen und Aller Heiligen. Dazu kam der zweite Nikolaus-Altar und der des Täufers Johannes in der Stadtkirche, der Altar in der h. Kreuzkapelle vor dem Thor und ein zweiter des Täufers Johannes im Kloster, so wie ein Vikariat des S. Georg [39]). Das Patronatrecht der meisten dieser Pfründen hatte Württemberg. 1454 vergönnte Gr. Ulrich den Kaplanen Konrad Schütz und Hans Entlin den neuen Aller Heiligen Altar ihr Lebenlang selbst zu versehen oder versehen zu lassen. In diesem Jahre war Johann Motz Kaplan zu St. Nikolaus. 1476 übergab Gr. Ulrich das Patronatrecht des St. Nikolaus-Altars in der Pfarrkirche den Herrn von Liebenstein. 1463 fing Gr. Ludwig an in L. ein (Chorherrn-) Stift zu gründen, was aber nicht vollkommen ins Leben trat, obwohl er dem Meister Ludwig Epp (App) in diesem Jahre bereits ein Exspectanz-Dekret zu einer Pfründe daselbst gegeben hatte [40]). Wichtiger ist die Stiftung einer Predigerpfründe, welche obengenannter Priester Konrad Schütz einige Jahre vor 1490 in Verbindung mit der h. Geistpfründe machte, und deren Lehenschaft er den Grafen von Württemberg nach seinem Tode verordnete. Als dieser in genanntem Jahre erfolgte, so wurde hierüber unter Anderem Folgendes bestimmt:
1) Der hiezu von Württemberg ernannte Baccalaureus

---

[39]) Vergl. Würdtwein, subs. dipl. V. 371.
[40]) Sattler, F. III, 32 und Bl. 24.

oder Licentiat bedarf keiner Bestätigung von dem Bischof von Wirzburg. 2) Seine Besoldung von beiden Stellen zusammen beträgt 172 fl. 3) Er soll an allen Sonn-, Fest- und Feiertagen vor der Messe predigen, auſſer wenn der Pfarrer selbst predigen will, oder einem andern die Erlaubniß dazu gibt und zwar am Gründonnerstag und Charfreitag so lang er will, sonst nicht über eine Stunde, auch soll er allezeit eine erbauliche Materie ausführen. Diese Ordnung bestätigte Gr. Eberhard den 5. Merz 1491 und ernannte sogleich M. Simon Wagner von Bestgheim zu dieser Stelle. In dieses Alles willigte der Pfarrer und die Gemeinde zu L.[41]). Diese Anstalt, in Verbindung mit der gleichen, die zu Brackenheim einige Jahrzehente später errichtet wurde, wo Sam zuerst lehrte, und mit dem Auftreten des Gayling in Ilsfeld, so wie mit dem des Lachmann in Heilbronn, mußte günstig für die Anbahnung der Reformation wirken, welche jedoch die östreichische Regierung auch hier möglichst zu verhindern bestrebt war, s. Ilsfeld. 1480 stiftete Gr. Ludwig 4 Pfund Heller jährlich und 1494 Gr. Eberhard der jüngere 25 fl. für die hiesigen Hausarmen. 1480—97 kam in die Hauptkirche eine 50′ Centner schwere Glocke[42]), eine neue Orgel, die aber bald darauf mit großen Kosten rectificirt werden mußte, das Gestühl, die Emporkirche und ein Deckel über den Predigtstuhl. Auf der Westseite der Kirche ist noch jetzt eine Sonnenuhr mit gothischen Zahlen und der Jahrszahl 1506,

---

[41]) A. a. O. IV, 15 ff. und Bl. 7. — Sein Haus stand auf dem Kirchhof.

[42]) Die mittlere Glocke war vom J. 1528.

auch auf der Südseite derselben befindet sich eine solche mit gothischer Schrift, vermuthlich aus derselben Zeit. 1507 wurde der Oelberg von Meister Hanß, Steinmetz zu Heilbronn, um 80 fl. gefertigt, wozu noch die Kosten des Aufrichtens kamen. 1516 wurde der Chor geweißt, gemalt und das Gestühl darin gemacht. 1521 wurde S. Renſis (Reginswindis) Sarg gemacht, wozu 56 Mark Silber im Werth von 729 fl. verbraucht wurden. Dieß erklärt sich daraus, daß damals die Oestreicher in Württemberg herrschten, es soll aber (unter Ulrich nach seiner Rückkehr?) an die Stelle des silbernen Sargs ein zinnerner gekommen seyn [43]). 1523 werden Hans Römbolt, Pfarrer dahier und Hans von Talheim, Konrad Ebelin und Michel Epp, Kapläne dahier, mit Dietrich von Weiler und denen von Liebenstein, Ganerben am Zehenten zu L., vertragen. 1527 verfaßte genannter Michel Epp auf die Thüren, welche das Monument der Reginswindis einschloßen, folgende Inschrift:

En cubat insigni celebris Virguncula tumba
   Regiswindis in hac martyr et eximia.
Quam fera primaevo nutrix in flore juventae
   Insontem oppressit, acta furore gravi.
Urna per aeternum summo dilecta Tonanti
   Ossa verenda tenet, spiritus astra colit. [44])

---

[43]) Sattler, G. des Hrz., S. 712.
[44]) A. a. O. — D. h. Siehe, in diesem merkwürdigen Grabe ligt Regiswindis das berühmte Mägdlein und die ausgezeichnete Märtyrerin, welche die rohe Amme von Wuth gestachelt in der ersten Blüthe der Jugend unschuldig erwürgte. Die ehrwürdige Urne umschließt die dem Herrscher im Donnergewölf ewig theuren Gebeine, der Geist wohnt auf den Sternen.

Zu Sattlers Zeit war im Chor der Kirche noch eine Art Kleiderkasten, worüber er (G. des Hrz. S. 712) Folgendes bemerkt: "Auf der rechten Hand an der Seite dieses sogenannten Kastens präsentiret sich in einem alten Gemählde, so aber durch die Länge der Zeit fast gänzlich verdorben worden, die Todes-Geschichte der Regiswindis. Die Wärterin derselben hält sie an den Haaren und eilet dem unten vorüber fliessenden Neckar zu, sie da hinein zu werfen. Auf der linken Seite aber ist wiederum ein Gemählde, worauf die Regiswindis als eine Heiligin mit einem hellen Glanz um das Haupt vorgestellt wird. Endlich siehet man oben an dem Aufsatze dieses Kastens die zwölf Apostel, samt Paulo, sehr fein abgemahlet, wovon aber einige nicht mehr kenntlich sind, und täglich unkenntlicher werden, weil sie niemand von dem Staube zu reinigen begehret." Sattler vermuthet mit Recht, es sey dieses Monument früher auf dem Hochaltare gestanden, dessen Stein noch da ist, weil das darauf befindliche Bild der Reginswindis füglich in seine Höhlung eingesetzt werden könnte. Jetzt ist dasselbe nicht mehr vorhanden [45]).

Die Kapelle südlich neben der Dorfkirche ist dem Baustyl nach aus unserer Periode, so zwar, daß der Chor etwa ein Jahrhundert jünger ist, als sie selbst [46]). Die Bedeckung bildet

---

[45]) Der Vorname Regiswindis aber, welcher schon in dieser Periode in der Familie von Thalheim vorkommt (Zabergäu IV, 95. Anm.), findet sich später sehr oft in bürgerlichen Familien der Umgegend, und ist auch kürzlich erst einem hier gebornen Kinde beigelegt worden. — Die ursprüngliche Schreibart ist Reginswindis.

[46]) In den württ. Jahrb. 1841, S. 15 ist ungefähr dieselbe Zeitbestimmung. Jäger Handbuch S. 56 setzt sie ins 13. Jahrhundert und hält sie für einen Wallfahrtsort.

Klunzinger, Gesch. der Stadt Laufen.

ein steinernes achtseitiges Pyramidendach. Im Innern sind noch Spuren von Frescomalerei. Urkunden über sie sind nicht vorhanden und wir erklären uns ihre Entstehung auf folgende Weise: Nachdem die Gebeine der Reginswindis in die zu Anfang des 13. Jahrhunderts ihr zu Ehren erbaute Hauptkirche gebracht worden waren, ließ man die ohnehin schnell und also wahrscheinlich nicht auf Dauer von Bischof Humbert gebaute Kapelle, worin sie bisher geruht hatten, um so mehr abgehen, als sie vermuthlich nun ungeschickt da stand, und man errichtete erst später aus ihren Ueberresten die jetzige kleinere, welche also in gewissem Sinne auch noch Reginswindis-Kapelle heißen kann [47]). Auffallend ist, daß selbst bei der Hauptkirche kein förmlicher Cult der Reginswindis aufgeführt wird, obgleich eine Heiligenpflegschaft auf ihren Namen lief.

Die Stadtkirche war noch in dieser Periode eine Kapelle und zwar dem h. Nikolaus geweiht (s. oben). Einige Menschenköpfe von Stein beim westlichen Eingang und in der Nähe der Kanzel sind entschieden sehr alt.

Das Kloster. 1364 übergaben Albrecht und Hans von Liebenstein dem Kl. etliche Güter in Hausen. 1365 vermachte ihm Georg von Lupfen nebst seinem Schwager Hans von Urbach 2 Pfund jährliche Gilt aus Gütern zu Thalheim. 1384 übergab ihm der Arzt Heinrich von Orngaw den Zins von 70 fl. zu einem Seelgeräth. 1388 erhielt es Güter zu Dürrenzimmern und 1390 von Elsen

---

[47]) Da von Seiten der K. Hofkammer zur Wiederherstellung derselben ein Geschenk von 150 fl. bewilligt worden ist, so dürfte es Ehrensache für L. seyn, selbst auch etwas hiezu beizutragen.

van Urbach, Konrads von Smalenstein Frau, Gilten zu
Ilsfeld, auch besaß es in diesem Jahrhundert einen Gilthof
zu Nordheim.'

1400 vertrug es sich mit Fritz von Liebenstein, daß
dessen Familie das Recht haben solle, für einen ehrbaren
Priester zu Itzingen zu bitten, wenn es aber Streit gebe,
oder die Nonnen hätten einen gewählt, ehe die von Lieben=
stein ihre Bitte vortragen, so solle die Wahl der ersteren
gültig seyn. 1407 gab es seinen Hof in genanntem Itzin=
gen zu Erblehen [48]). 1438 verkaufte Brun Eberhard von
Lupfen 4 Klosterfrauen zu L. g. von Neideck 3 Pfund 15
Heller, 2 Gänse, 3 Sommerhühner in dem Dorfe zu L.
und 5 Eimer Wein zu Hausen um 50 fl. Rheinisch. Auch
andere Gefälle und namentlich den S. Martinspfründhof
hatte es in letzterem Orte. Ferner gehörte unserm Kl. im
J. 1440 die Kirche und der Kirchensatz zu Hofen, worüber
es mit Wilhelm von Sachsenheim die Uebereinkunft traf,
daß derselbe, so lange er lebe, die Präsentation behalten,
diese aber nach seinem Tode ihm (dem Kl.) anheimfallen
und es nicht gehindert werden solle, sich die Kirche incor=
poriren zu lassen [49]). 1441 übergab ihm Otto von Balbeck
Gefälle. 1445 wollte Gr. Ulrich dasselbe reformiren und
die Nonnen aus dem Kl. Adelberg dahin bringen. Diesem
Vorsatz trat aber Walter von Urbach entgegen, indem er
seine Vorrechte daselbst, die auf Stiftungen seiner Vorfah=

---

[48]) Cleß C, 141. — 1464—1478 war daselbst eine Pfarrei und
Frühmeßpfründe und der Frühmesser, der 1510 dort war, hieß
Alexander Kreber. Um dieselbe Zeit war auch des S. Vincentii
Pfründe und die Meßnerei dort.

[49]) A. a. O.

ren für das Kl. L. beruhten, verletzt glaubte. 1465 wurde
die Sache dahin verglichen, daß es bei dem alten Herkom=
men sein Bewenden haben, Gr. Ulrich jedoch nicht gehindert
seyn solle, nach dem Rathe der Obern des Kl. daſſelbe zu
reformiren [50]). Diesen Consens holte er sofort auch zur
Ueberſiedlung des Frauenklosters zu Adelberg nach L. ein,
1466 ertheilte ihn das Generalkapitel des Prämonſtraten=
ſer=Ordens und 1474 Pabſt Sixt IV, welcher in diesem
Jahre an den Abt zu Murrhard ein Mandat deßhalb erließ
und im folgenden Jahre den Abt Nikolaus zu Lorch zu
seinem Commiſſär hiefür ernannte. Auch stimmte der Ge=
neral des Prediger=Ordens, zu welchem es bisher gehört
hatte, und Berchtold Dürr, Abt zu Adelberg, damit überein.
Der Grund dieser Versetzung war die Absicht, theils das
Aergerniß zu heben, welches das Zusammenleben der Mönche
und Nonnen in Einer Ringmauer zu Adelberg gab, theils
das faſt ausgestorbene Kl. L. wieder zu besetzen. Den 27.
Auguſt 1476 kamen 9 Klosterfrauen von L. hier an, und
trafen nur noch Eine Klosterfrau an, die sie lieb und werth
hielten [51]). Den 18. Oktober folgten, nachdem indeſſen die
sehr abgängigen Gebäude wieder reparirt worden waren,
die übrigen, 8 an der Zahl. Von genanntem Abte zu
Adelberg erhielten sie noch so viel Güter und Gilten an
Höfen, Weingarten und Zehenten, als das Kl. L. vorher
gehabt hatte, so daß es 600—700 Pfund Heller jährliche

---

[50]) Sattler, F. II, 216. 220.
[51]) 1465 waren nur noch 2 Klosterfrauen hier, s. Besold Elench.
S. 552.

Einkünfte hatte [52]), und sein Besitzstand folgender war: Auſſer Gefällen in vielen nahen und entfernten Orten (z. B. in Güglingen hatte es Theil am großen Zehenten), besaß es in L. selbst viele Gefälle, hatte Theil am großen Frucht- und Weinzehenten daselbst, eine Mühle an der Zaber [53]), eine Kelter mit einem Baum, eigene Aecker, Wiesen, Weingarten und bei Winzerhausen eigene Wälder. Eigene Jurisdiction aber hatte es nie. In Folge dieser Versetzung wurde das Kl., das ursprünglich dem Orden der Benediktiner und drauf dem der Dominikaner zugehört hatte, dem Prämonstratenser zugetheilt. 1477 schrieb Gr. Ulrich an den Abt zu Adelberg, er solle sich als geistlicher Vater ins Kl. nach L. verfügen, so wolle er darauf ihm seinen Prediger und Lesemeister von Stuttgart zu ordnen, zu verschaffen, daß der Wandel derselben dahin gewährt und nichts desto weniger die Nothdurft mit Bauen, Gilten und anderem zum nützlichsten vorgenommen werde. Solches geschah auch im folgenden Jahre, da unter Anderem festgesetzt wurde, daß die Meisterin und andere Amtsfrauen vor dem Prälaten zu Adelberg jährlich Rechnung

---

[52]) Sthfr. III, 256. — Gleichwohl klagten sie später, sie seyen bei der Trennung von Adelberg von dem dortigen Abte verkürzt worden.

[53]) Diese war schon 1710 abgegangen und stand ohne Zweifel da, wo jetzt die Sägmühle ist. Von Mühlen, welche nach den württ. Jahrb. 1822 S. 336 an dem ehmaligen, nun verlassenen Neckarbeete zwischen dem See und dem Neckar gestanden haben sollen, fand ich in den hiesigen Urkunden nichts vor, und glaube, daß unter den dort angeführten gewöhnliche Zabermühlen der eben genannten Art zu verstehen sind.

thun sollen, solche aber zwischen dem Amt und den Frauen heimlich verbleiben solle [54]).

1522 veräußerte es die Kirche und den Kirchensatz zu Hofen an das Kl. Denkendorf. Daß im Bauernkriege, wo ein Hans Wunderer und ein Jäcklein Rorbach zu L. lagen, das Kl. viel leiden mußte, ist nicht anders zu erwarten, auch klagten die Klosterfrauen im folgenden Jahre über Beschädigungen durch Beilstein, Bottwar und L. selbst, und sprachen Schadenersatz an [55]). Letzteres aber erklärte, es habe damals das Kl. beschützt und sey ihm nichts schuldig.

Klosterfrauen [56]): 1372 Adelheid von Liebenstein, 1381 eine Schwester des Ron Mayser, 1388 und 1390 Katharina von Neipperg, 1438 4 von Neideck, 1466 Katharina Rüd, 1476 Dorothea von Gültlingen, Maria und Salome Harberin, Margaretha von Sachsenheim*, Meisterin, † 1495, Margaretha von Hofen*, Priorin, † 1507, Barbara von Kaltenthal*, Subpriorin, † 1519, Agnes Dürnerin*, Katharina Teginin*, Margaretha Kaybin*, Elisabetha von Hofen*, Hiltgart Schillingin*, Margaretha von Nürtingen*, Katharina von Württemberg*, Priorin, Margaretha Ernstin von Crailsheim*, Dorothea Spätin*, † als Meisterin 1501, Berchta von Tachenhausen*, † 1520,

---

[54]) Besold a. a. O. S. 553. — Daß Gr. Eberhard der jüngere 1488 Willens gewesen sey, gegen dieses Kl. wie gegen das zu Kirchheim zu verfahren, und damals schon den Anfang dazu gemacht habe, ist nicht erweislich. Die von Cleß C, 142 hiefür citirte Stelle aus Sthfr. II (soll heißen III), 452 bezieht sich blos auf das Kl. Kirchheim.

[55]) Vergl. Sthfr. IV, 989.

[56]) Die mit * bezeichneten kamen von Adelberg hieher.

— 55 —

Ursula von Züllnhart*, † 1507, Margaretha Gaisbergerin*, † 1512, Margaretha Löwin von Urach*, Barbara Hubenschmid*, Magdalena von Emershofen, † 1507, Margaretha von Nippenburg, Meisterin 1509, Barbara von Balbeck, † 1510, Margaretha Dolmetsch von Höfingen, † 1512, Margaretha von Krawelssen, † 1512, Katharina von Balbeck, die andere Priorin, † 1519, Barbara von Horkheim, † 1520, Christine Fürderin, † 1520, Elisabethe Kuhornin, † 1520, Margaretha Thumm von Neuburg, † 1522, Margaretha von Nippenburg, Meisterin 1526, Margaretha Schonerin, † 1533.

Von diesen verdient Katharina von Württemberg noch besondere Erwähnung. Sie war eine Tochter Gr. Ulrichs V. aus 1. Ehe. Als sie 1477 den Schleyer nahm, verschrieb ihr ihr Vater 200 fl. jährliches Leibgeding. 1487 verzichtete sie auf ihre väterliche, mütterliche und brüderliche Erbschaft gegen ein von Gr. Eberhard dem ältern ihr ausgesetztes Leibgeding von 250 fl. [57]), auch verschrieb sich derselbe, daß wenn diese seine Muhme [58]) ohne männliche eheliche Leibeserben absterbe [59]), dem Kl. L. 1000 fl. Gilt mit 20,000 fl. Ablosung aus Gütern zu Bottwar und L., die darum verpfändet wurden, zufallen sollen. Dieses Leibgeding wurde ihr aber nicht gereicht, da verließ sie 1488 bei Nacht und ohne Erlaubniß ihrer Obern das Kl. und begab sich zu Laien. Die Sache kam vor den Pabst Innocenz VIII., und dieser erließ deßhalb eine fulminante Bulle,

---

[57]) Cleß C, 142 gibt unrichtig ihr Leibgeding zu 1000 fl. an, indem er das, was für den Fall ihres Todes dem Kl. L. verschrieben war, schon hieher rechnet.

[58]) Muhme heißt hier Geschwisterkind.

[59]) Es war also ihr Klostergelübde kein unbedingtes.

worin er den Aebten zu Roggenburg, Adelberg und Schussenried befahl, man solle sie, weil sie zur Gefahr ihrer Seele und Schmach ihres Ordens und hohen Geschlechts ausgerissen sey, wieder ins Kl. zurückbringen. Sie kehrte auch wirklich wieder dahin zurück, als Gr. Eberhard der ältere das versprochene Leibgeding ihr zustellte. Uebrigens gefiel sie sich auch jetzt noch nicht in ihrer Klause zu L., denn im folgenden Jahre begab sie sich in das Kl. Gerlachsheim, Mainzer Bisthums [60]).

V. 1534 — 1700.

Hauptpunkte.

Bei Nordheim sind die Hessen nicht blind. Pfalzgraf Philipp wird dort, ein zweiter Achill, in die Ferse verwundet. Bald gibt sein ganzes Heer Fersengeld, bei Laufen lauft es. Dietrich Spät kommt jetzt überall zu spät. Im Schmalkaldischen Krieg haust der Welsche arg. Den Muskateller darf der Leibeigene bauen und sein Herr trinken. Durch den Paß passirt in dem 30jährigen und in den folgenden Raubkriegen dem Ort viel Uebels. Kaiser Ferdinand ist — es scheint Herzog Eberhard III. habe ihn zum Muster genommen — zur Zeit der höchsten Noth guter

---

[60]) Sthfr. III, 495. — Aber auch da blieb sie nicht, — sie war eine Schwester Eberhards des jüngern — sondern sie starb in Wirzburg, wo sie ein eigenes Haus besaß, im J. 1497 und wurde ihrem Willen gemäs in Adelberg beigesetzt. — Ihr Leibgeding war wieder auf 200 fl. gesetzt worden, a. a. O. S. 672.

Dinge in L. Fatale Gevatterleute die Soldaten. Eine Notabilität taucht auf. Die Reformation wird eingeführt. Voll Entsetzens bekreuzen und verschließen sich die Klosterfrauen. Aber da ist keine Gnade, sie müssen sich anpredigen lassen. Heirathen dürfen alle, aber nur zwei thun es. Die Kirchengüter werden eingezogen, und — mit einem Theile davon wenigstens — der Armenkasten und die geistliche Verwaltung gestiftet, auch wird eine Kloster=Hofmeisterei errichtet. Der Ruhm des Interimspriesters ist nicht fein. Die Hauptkirche geht wie ein Phönix aus der Asche hervor. Eine Zauberei, die ihres gleichen bei uns nicht sucht, sondern hat, kommt vor. Das Schulwesen gewinnt eine Gestalt.

1534 den 13. Mai wurde die Schlacht bei L. geliefert, ein Ereigniß nicht nur für Württemberg, sondern auch für Teutschland, ja beziehungsweise für Europa. Vor dem 10. Mai kam der östreichische Statthalter von Württemberg, der streitbare Pfalzgraf Philipp, nachdem er das zur Eroberung des Landes für Herzog Ulrich anrückende Heer vergeblich bei Knittlingen erwartet hatte, mit seinen Truppen in L. an, um hier demselben den Eingang in das Land zu verwehren. Er lagerte sich in dem Wiesenthale vor dem Dorfe L., so zwar, daß er die Seugberge als Anlehnungspunkt benützte und besetzte. In der Voraussetzung, der Feind, welcher bei Neckarsulm stand, werde von dort aus über Heilbronn und Sontheim vorrücken, zog er ihm den 12. Mai in dieser Richtung entgegen. Als er aber wahrnahm, daß derselbe auf das linke Neckarufer übersetzte, um in den Zabergau einzufallen, zog er sich schnell zurück, ging auch über den Neckar und besetzte die Höhe vor Nordheim. Hier entspann sich ein ernsthaftes Gefecht [1]), wobei der Pfalzgraf das Unglück hatte, durch einen sogenannten Meisterschuß, wie die Sage lautet, in den Schenkel und in die Sohle des rechten Fußes verwundet zu werden. Man brachte ihn nach L. und den Oberbefehl erhielt Dietrich Spät, der nächste an ihm. Eilig ließ derselbe in der Nacht einige Verschanzungen zwischen Nordheim und L. aufwerfen [2]), dieß nützte aber nichts, es fehlte ihm an allem moralischem Gewicht, so daß die meisten Hauptleute sogleich nach L. gingen, wo sie sich mit Wein gütlich thaten und das ganze Heer noch vor Tag ebenfalls dahin aufbrach. Dort bezog es sein Lager jenseits der Seugberge und breitete sich in dem Thale am linken Neckarufer, in welchem das Forchenwäldchen liegt, aus, und nun begann die berühmte Schlacht bei L. den 13. Mai, deren Ausgang nicht zweifelhaft seyn konnte, und welche die gute Vorbedeutung, die der Landgraf Philipp in dem Namen „Laufen" fand, für ihn in Erfüllung brachte. Weit überlegen waren die Hessen an Mannschaft [3]), und obwohl das Gefecht des

---

[1]) In der Ebene, Nordheim zu, fand man vor 1787 eine Menge Gräber in Einer Linie und in denselben viele Menschenbeine und alte Waffen. Geographie und Statistik Wirtembergs 1787. S. 375.

[2]) Eine Anhöhe daselbst heißt noch jetzt das Schänzle, (s. die Karte von dem statistisch-topogr. Bureau) und die Volkssage setzt seine Entstehung in diese Zeit.

[3]) Sie hatten vor dem Gefecht bei Nordheim 20000 Mann Fußvolk und 5000 Reiter, die Oestreicher nur 10000 Mann Fußvolk und 500 Reiter.

vorigen Tages unentschieden geblieben war, doch durch den schnellen Rückzug des Feindes ermuthigt, dieser vermißte seinen trefflichen Anführer und hatte kein Vertrauen zu dem verrufenen Spät, der nun auch den großen Fehler machte, die Seugberge nicht mehr zu besetzen und als schon das Treffen angefangen hatte, waren nicht einmal alle Hauptleute auf ihrem Posten. Schnell gibt nun der Feind seinen Plan, in den Zabergau einzufallen, auf, eilt ebenfalls noch in der Frühe nach L., pflanzt sein Geschütz auf dem genannten Bergrücken auf, und läßt es mit bestem Erfolg auf die in der Niederung stehenden königlichen Truppen spielen. Diese ziehen sich auf die Anhöhe bei Kirchheim zurück, und gebrauchen von da aus ihr Geschütz gleichfalls mit Nachdruck gegen den Theil der Hessen, der indessen in das jenseitige Thal vorgerückt ist. Nun aber schwenkt sich der Feind und zieht mit seiner Hauptmacht den Zabergrund hinauf der Kirchheimer Höhe zu, um ihnen den Rückweg abzuschneiden. Sobald sie dieß merken, ergreifen sie in größter Eile die Flucht, und selbst die vorausgeschickten Reiter und Büchsenschützen treffen nur noch das Fußvolk, welches sich in möglichst guter Ordnung und doch so schnell zurückzieht, daß die zwei vordersten Haufen bald nicht mehr sichtbar sind. Dem hintersten Haufen aber, der aus einigen Abtheilungen alter Landsknechte, dem Landvolke und Troß besteht, wird um so übler mitgespielt, er wird überallhin zersprengt und ebenso viele kommen in den Weinbergen, im Neckar und See um, als durch die Schärfe des Schwerts. Der Verlust der Königlichen wird zu 2000 Mann angegeben. Eine große Menge Munition und das ganze Lager sammt der Kanzlei fällt den Siegern in die

Hände ⁴), welche überall mit Jubel ⁵) empfangen werden ⁶).

Vergebens wandte sich König Ferdinand nun noch bringender als früher an den Pabst wegen der Gefahr, die der Kirche drohe, vergebens suchte der Kaiser selbst ein Heer auf die Beine zu bringen, um den Landgrafen zu strafen, der Friede zu Kadan bestätigte dem Herzog Ulrich den Besitz seines Landes und brachte ganz Teutschland durch Herstellung des politischen Gleichgewichts Ruhe.

Den 4. August dieses Jahrs mußte sich L. nebst andern Städten wegen der dem Landgrafen von Hessen noch schuldigen Kriegskosten verschreiben. Im Schmalkaldischen Kriege stellte das Amt L. im Oktober 1546 ein Fähnlein von 638 Mann ⁷), ein Falkonet und vier Pferde für Herzog Ulrich ⁸). Im Dezember dieses Jahrs hausten in der Umgegend von L. ⁹) und in L. selbst die Spanier schrecklich, und lagen im Ganzen ein Jahr und sechs Monate hier. 1564 starben hier gegen 800 Menschen, vermuthlich an der Pest. 1575 gab Bernhard von Liebenstein, Obervogt zu L., seinen Theil an dem Frucht- und Weinzehenten, und seine Gilten zu L. nebst Anderem tauschweise an Württemberg ¹⁰). 1568

---

⁴) Auch ein Bauer von Kirchheim bereicherte sich hiebei sehr. Dappsches Msc.
⁵) An Spottliedern über die Oestreicher fehlte es gleichfalls nicht.
⁶) Hauptquelle: Heyd, Ulrich II, 454 ff., wo besonders auch das Kärtchen nachzusehen ist.
⁷) Heyd III, 411, 108.
⁸) A. a. O. 410, 107.
⁹) A. a. O. 446.
¹⁰) Sattler V, 37. — Die Herrn von Liebenstein hatten ein eigenes

wurde die Stadtkelter und der Kasten nach einer noch daran vorhandenen Inschrift gebaut, angefangen wurde der Bau noch von Herzog Christoph. 1586 hatte Burcard von Weiler zu Lichtenberg Zehenten und Gefälle zu Ilsfeld, Auenstein und L. Zu Ende dieses Jahrhunders wurde der Jahrmarkt hier an St. Rensin Tag, acht Tage nach Kilian, gehalten. Dazumal war auch das Schloß in der Stadt, das an das obere Thor stieß, schon sehr baufällig. Die Verhältnisse der Leibeigenschaft waren in diesem Jahrhundert folgende: Die leibeigenen Mannspersonen, welche in Stadt und Dorf geboren wurden und dort blieben, zahlten keine Mannssteuer, diejenigen aber, welche aufferhalb Amts und Lands geboren wurden, und seßhaft waren, zahlten jährlich zwei Schilling, wogegen sie zu essen und trinken erhielten. Starb ein Leibeigener in der Stadt, so wurde kein Hauptrecht genommen, zog er aber aus der Stadt in das Dorf, so wurde er verhauptrechtet, d. h. das Hauptvieh wurde genommen; war jedoch das Vermögen gering und viele Kinder vorhanden, so wurde ihnen ein Einsehen gethan. Die leibeigenen Frauen durften, so lange sie in der Stadt ansäßig waren, keine Leibhenne geben, wenn sie aber in andere Orte, oder auch nur in das Dorf zogen, mußten sie sie geben. In letzterem Falle wurde auch bei ihrem Tode das beste Oberkleid genommen. Einer frommen Frauen Frevel war 3 Pfund Heller, aber einer verläumten Frauen Frevel 13 Pfund Heller. — Zu dieser Zeit

---

Haus in L. dem Dorf zu Thalhofen genannt, um ihren Zehentantheil aufzuheben.

gehörte der hiesige Muskateller Wein zu den besten im Lande [11]).

1605 gab Herzog Johann Friedrich wegen des neu erbauten Armbrusthauses durch ein eigenhändiges Schreiben vom 19. März sein besonderes Wohlgefallen an der Erhaltung dieses alten Brauches zu erkennen, versprach es selbst einzuweihen, und bewilligte beim Schießen am Sonntag ein Gnadengeld. 1609 stand er dem Obervogte Khölberer vom Höch dahier zu Gevatter. 1606 war ein Zoller auf der Brücke. In diesem Jahre starben mehrere und 1607 46 Personen an der Pest. Damals waren in der Stadt zwei und im Dorfe ein Bürgermeister.

Die Zeiten des 30jährigen Kriegs.

1622 drei Wochen vor der Schlacht bei Wimpfen zog Herzog Wilhelm von Sachsen Weimar mit 10 Fahnen Fußvolk und tausend Reitern über die Brücke, um sich mit Markgraf Georg Friedrich zu vereinigen, und nach dieser Schlacht eilten zwei markgräfliche Compagnien, welche vergeblich bei Neckargartach zum Widerstand sich gesammelt hatten, so wie Bauern von diesem Orte L. zu. Im Juni dieses Jahrs wurde ein Bauernknecht von der Königsbronner Vogtei von einem Soldaten im Hader auf der Neckarbrücke tödtlich verwundet. 1623 war das obere Schloß in der Stadt mit dem Hofe, Keller und Scheuern nicht bewohnt. Die alte Burg auf der Neckarinsel hatte einen hohen dicken Mantel und einen viereckigen 180' hohen Thurm mit Quadersteinen und 7' dicken Mauern. Der

---

[11]) Würtemb. Jahrb. 1841. 349.

innere Raum war ebenfalls 7' weit. Der See, unter allen in Württemberg der schönste und lustigste, wurde mit 12,700 Kärpflein besetzt. Die Stadt hatte 122, und das Dorf 308 Unterthanen. Jene lag in der freien Pürsch, dieses gehörte zum Stromberger Forste. 1624 den 19. Oktober wurde Andreas Kurz von hier, als er von der Musterung von Ilsfeld heimkehrte und Frieden machen wollte, von zwei Bürgern dahier mit Musketen so geschlagen, daß er in derselben Nacht starb. 1629 fanden Einlegungen und Durchzüge kaiserlicher Truppen, auch ungewöhnliche Contributionen Statt. 1626 Januar — August starben manche Leute an der Pest. 1631 war Durchzug der Lothringer. Den 11. Februar wurde J. G. Bischer, Bürger dahier, zwischen hier und Thalheim von drei Soldaten so verwundet, daß er bald darauf starb. Die Mörder erhielten in Heilbronn ihren Lohn durch Oberst Bernhard von Schaffalizky. 1632 den 15. August wurden bei der Einnahme und Verbrennung von Knittlingen der Maulbronner und Laufener andere Auswahl geschlagen, und 16 Laufener Bürger erschlagen, auch ihr Fähnlein verbrannt. 1634 den 12. September wurde L. von den Kroaten geplündert, welche manche Leute ganz unbarmherzig traktirten, den 14. kamen die Kaiserlichen 15,000 Mann stark hieher, und zogen den 18. nach Heilbronn [12]). Nachgehends gab es wieder viele Durchzüge, welche hiesigen Ort ins äußerste Verderben brachten, unerachtet ein überaus guter und reicher Jahrgang war. Im Oktober wurden hier während der Durchzüge 13 Soldaten, 2 Soldaten-Weiber und 4

---

[12]) Das Weitere s. Jäger II, 212 ff.

Soldaten-Kinder begraben. Um Andreä war hier Graf Gallas 2 Tag und Nacht mit 100 Pferden im Quartier. Im November verlangte Oberstlieutenant von Lichtenstein für das Pistumbische Regiment zu Pferd, das den Asberg blokirte, von L. jede Woche 984 Reichsthaler, und als man dieses nicht zahlen konnte, so nahm er alles Rindvieh, welches nur noch aus 16 Stück bestand, weg. In der Woche vor Weihnachten zogen 6 Regimenter zu Fuß, nämlich das Erkenfurtische, das jedoch nur einen Tag und eine Nacht blieb, das Preuerische, Teuffelische, Webtische, Beckische und Tiefenbachische nach L., und es blieben letztere fünf gegen drei Wochen hier liegen, und zehrten Alles dermaßen aus, daß nachgehends viele Leute des bittern Hungers verschmachten mußten, und viele Soldaten waren noch dazu ihre Gevatterleute. Ganze Gassen wurden abgerissen und die Häuser zu Pallisaden verbraucht, auch verbrannt. 1635 um Pfingsten mähte das Mühlheimische Kürassier-Regiment, das zu Hausen a. 3. lag, die Winterfrucht im großen Feld bei L., welches gegen 900 Morgen groß war, fast ganz ab, und wegen steter Unsicherheit und Einquartierung konnte man gar keine Frucht ausbauen und kein Kraut pflanzen. So kam es, daß die Menschen sich mehrentheils mit wilden Kräutern z. B. Schmalzblumen und Musdisteln nährten, und sobald ein Pferd fiel, dasselbe verspeist wurde. Diese schlechte Kost verursachte aber bei Jung und Alt Fieber und Geschwülste, und es kamen sowohl Arme als besonders auch Reiche in großer Anzahl erbärmlich um. Es starben nicht nur Leute von hier, sondern auch fremde Soldaten, deren Weiber und Kinder, und Leute aus naher und entfernter Gegend. Aufgezeichnet sind 775 Todte.

Gleichwohl standen auch jetzt noch manche Soldaten hiesigen Bürgern zu Gevatter, und es wurden viele Militär-Ehen geschlossen, ja Kaiser Ferdinand kam mehreremal von Heilbronn aus hieher, vergnügte sich mit Fischen des Sees und nahm in einem von General Gallas schön angelegten Garten ob dem Hatzelens Plan sein Mittagsmal ein. 1636 war Oberst Lissaw mit seinem Kürassier-Regiment einige Tage in Stadt und Amt einquartiert, und that mit Gelderpressen, Wegführung von mehr als 200 Eimern Wein, hin und wieder verborgenen Früchten und sonstigen mobilen Dingen sehr großen Schaden. Da starben viele Leute, nachdem sie vorher von Geschwülsten aufgebläht waren, bitteren Hungers. Besonders übel ging es den Wittwen und Waisen. Manche Leichen entdeckte man in den Häusern erst durch den Geruch. Der Schaden seit der Landes-Occupation bis 27. April dieses Jahrs betrug nach genauestem Anschlag in Stadt und Dorf L. 517,847 fl., indem namentlich über 2000 Eimer Wein weggeführt worden waren [13]), und man dem halben Mühlheim'schen Regimentsstab monatlich über 1000 fl. nach Neuenstadt nachschicken mußte. Militär-Ehen kamen auch in diesem Jahre, so wie in mehreren folgenden vor. 1637 kostete zu Anfang des Jahrs das Quartier der Don Casparischen Compagnie über 5300 fl., die Verpflegung von drei kaiserlichen General-Adjutanten, welche über 185 Eimer Wein wegnahmen, 4612 fl. Um Martini fiel das Salische Reiter-Regiment bei Nacht hier ein, lag etliche Tage hier und verderbte die armen Leute vollends in Grund. Nach diesem war

---

[13]) Vrgl. Zabergäu II, 31 ff.

das Speerreutersche Reiter-Regiment über Nacht und räumte ganz auf, so daß die Leute den Winter und Frühling über Hungers sterben mußten. Im Ganzen starben 234 Personen, worunter 1 Soldat aus dem Piccolominischen, und einer aus dem Wallensteinschen Regiment. 1638 mußte L. die Parische, und Ilsfeld die Spilmännische Compagnie zu Fuß vom markgräflich Carrotischen Regiment im Winterquartier verpflegen bis auf den Februar, wo dieselbe in Folge des Siegs bei Rheinfelden nach Heilbronn wichen. Den 1. Mai zog die Götzsche General-Bagage hier durch, und spolirte in der Vorstadt und Dorf fast alle Häuser aus. Als im August die Kaiserlichen bei Offenburg abermals geschlagen wurden, kamen von ihnen 12 Regimenter hieher und blieben zwei Tag und Nacht, wobei sie die geringe Ernte wieder aufrieben. Im Herbst lagen die zwei Reiter-Regimenter Seneschal und Kaiserisch zehen Tage hier, und thaten in den Weingärten und Keltern großen Schaden. Den 10. Dezember waren drei Regimenter zu Pferd über Nacht und am Christtag logirte der kaiserliche Generalstab unter Graf von Fürstenberg sammt vier Regimentern zu Fuß hier, darauf folgte noch das Winterquartier von Hauptmann Gayers Compagnie gräflich Walischen Regiments zu Fuß. In Stadt und Dorf waren nur noch etlich und 30 Burger am Leben. 1639 im Juli lag hier eine Compagnie, die Federkrieger genannt, weil sie die Betten zu Kleidern benützten, darauf folgte schweres Wörthisches Winterquartier. Die Jahre 1640 bis 1642 waren ziemlich ruhig. Als 1643 die französisch-weimarsche Armee von Franken her zog, legte der General-Lieutenant Tupadel den Kapitän Paul mit einer Anzahl

Dragoner zur Bewahrung des Passes dahier in die alte Burg, darauf kam der Oberst Rosa mit seinem Regiment Dragoner auch, und Friedrich, Herzog zu Württemberg, mit seinem Regiment zu Fuß, und zuletzt der ganze französisch-weimarsche Generalstab sammt Bagage und Artillerie [14]), lagen vier Tage hier, thaten abermal großen Schaden, und als sie in der Richtung gegen Marbach aufbrachen, ließen sie einen Lieutenant mit einer Anzahl Dragoner zur Besetzung des hiesigen Schlosses zurück. Die churbairische Reichsarmee aber, mit den Lothringern alliirt [15]), zog von Hall her ebenfalls das Land hinauf über Beilstein und Ilsfeld, Schorndorf zu [16]). Den 11. Mai nun kam von derselben Oberst Graf Fugger mit 500 Mann zu Fuß hieher und bezwang mit Feuer-Stücken u. dergl. die genannte weimarsche Besatzung, daß sie sich den dritten Tag auf Gnad oder Ungnad ergeben mußte. Bei diesem Tumult zog bald männiglich mit Weib und Kind hier hinweg, ist aber Niemand anderst etwas widerfahren, als was etwan die Soldaten genommen haben. 1644 lag Hauptmann Flavignis Compagnie zu Fuß, Blauveauischen Regiments fünf Monat in Stadt und Amt im Winterquartier, hielt zwar gute Zucht, kostete aber dennoch viel. 1645 am Bartholomäus-Tag zogen die französischen und hessischen

---

[14]) Feldprediger derselben war Michel Faber von Mergenthal.

[15]) Diese hatten ihr Hauptquartier in Vaihingen und streiften bis ins Zabergäu hinüber. A. a. O. III, 28. 29.

[16]) Nachdem beide Armeen lange genug die oberen Gegenden des Landes ausgesogen hatten, lieferten sie endlich einander bei Tuttlingen ein Treffen, worin die Weinmarschen unterlagen. Sattler VIII, 44—46. und 68.

Völker unter Anführung Turennes von Heilbronn nach L. und plünderten es rein aus, daß nicht ein Stücklein Brod, kein Härlein Vieh, weder Heu noch Stroh übrig blieb. Man zog den Leuten ohne Unterschied der Person die Kleider und Schuhe vom Leibe. Vergebens ging der Unter-Vogt selbst im Hemd zum General vors Thor hinaus, und bat um Abstellung. Die bairische Besatzung im Schloß, welche aus einem Corporal und 15 Mann bestand, ergab sich, nachdem sie sich den ganzen Tag gewehrt und auch etliche niedergeschossen hatte, durch Accord, worauf sogleich Franzosen eingelegt wurden. Diese ängstigten die Leute, welche das geforderte Salvaguardi Geld nicht zahlen konnten, durch Drohung, sie mit dem Rathhaus zu verbrennen, so sehr, daß viele in der Nacht in andere Orte flohen, von welchen namentlich Bönnigheim sich sehr theilnehmend bewies. Die genannte französische Besatzung zog aber, weil sie die Ordre nicht recht verstanden haben soll, bald selbst hinweg, worauf wieder Baiern einzogen. Nach diesem mußte Stadt und Amt vom Laririschen Küraffier-Regiment fünf Compagnien 14 Tage lang verpflegen; es war aber nichts mehr da, als etwas neuer Wein, Kraut und Rüben, und zuletzt kam ein Theil der Kirschnerschen Compagnie zu Fuß, Röyrischen Regiments vom Dezember an fünf Monate lang ins Quartier. 1646 war hier noch die genannte bairische Besatzung im Schloß, und es kamen dazu schwedische Salvaguardi-Reiter im Städtlein, auch mußte man viel schanzen. 1647 im Frühling wurde in Folge eines Waffenstillstandes zwischen Schweden und Frankreich einer- und Churbaiern andernseits, die hiesige churbairische Besatzung aufgehoben und das Schanzenwerk auf ergangenen fürstlichen Befehl geschleift. Darauf mußte Stadt und Amt vom Rußwurm'schen Regiment weimarscher Armee eine halbe Compagnie Reiter drei Monate lang im Winterquartier halten. Die weimarschen Reiter gingen gegen den Willen ihrer Offiziere Franken zu, allhier hatte man wieder Schaden davon, indem gegen 900 Offiziere im Nachmarschieren hier über Nacht blieben. Die Aufhebung des Waffenstillstandes verursachte, daß man den zu Heilbronn gelegenen französischen, so wie den zu Besigheim einquartierten kaiserlichen Soldaten viel Geld und Proviant schicken mußte. Den 8. Oktober wurde Johann Georg Widmann von Winzerhausen, Soldat unter dem bairischen Cosellischen Regiment, zwischen Kirchheim und Brackenheim von zwei unbekannten Reitern meuchelmörderisch erschossen. Weil die Sage ging, die Churbaiern wollen Heilbronn belagern, legte der französische Kommandant daselbst, Turenne, wieder eine starke Besatzung in's hiesige Schloß, und verursachte den armen Leuten auf's Neue mit Schanzen u. drgl. große Beschwerden, was alles umsonst war. 1648 mußte Stadt und Amt an schwedischen Satisfactionsgeldern 596 fl. geben, auch lagen zwei Monate lang noch daselbst vom Turenneschen Leib=Regiment zu Pferd 1 Lieutenant mit 19 Reitern. — 1652 waren von 400 (430) Bürgern 155 übrig. Die Stadtkirche war theilweise zerstört, s. unten. Das untere Schloß im Neckar hatte durch die vielen Besatzungen sehr gelitten, und des oberen geschieht gar keine Erwähnung mehr. Häuser und Scheuren waren darauf gegangen 270, Weinberge verwüstet 452 Morgen, Aecker 1239 Morgen, Wiesen 50 Morgen.

1649 lagen hier württembergische Truppen, auch siedelte sich ein Quartiermeister von dem schwedisch-meklenburgischen Regiment an. 1650 lag noch viel Militär hier, auch aus fremden Ländern, und es siedelte sich ein Rittmeister hier an. Es war eine Schützengesellschaft hier, welche den 10. März eine Wolfjagd anstellte. Den 22. Juni wurde hier begraben Herr Israel Klaiber, gewesener Kapitän auf Hohentwiel, nachmals Einwohner allhier. 1652 wurde erlaubt, Samstag vor St. Nikolai einen Jahrmarkt zu halten. 1654—71 standen verschiedene Glieder des herzoglichen Hauses hier zu Gevatter. 1672 legte Herzog Eberhard in die Grenzorte zum Schutze derselben gegen die Streifereien verschiedener Armeekorps Reiter und Fußvolk, kam auch selbst mit ziemlicher Bedeckung hieher, logirte im Kloster, besetzte den Paß über den Neckar mit der Laufener und Leonberger Kompagnie zu Fuß, und fing an, das Städtlein und die Burg zu befestigen, bis günstigere Nachrichten einliefen, und er durch den persönlich hieher gekommenen französischen Gesandten de Vaubrun die Versicherung von der guten Gesinnung jenes Hofes erhielt [17]). Das Schanzwesen aber ging fort, und es wurde beim untern Thor die Schlagbrücke gemacht. 1673 besetzte er den hiesigen Paß und die Grenzörter gegen Franken mit den geworbenen Völkern, so daß das Land keinen Schaden litt, auch versah er die Stadt mit einem Ravelin und Brustwehren [18]).

---

[17]) Vergl. Sattler X, 213.
[18]) A. a. O. 225.

Die Zeiten der französischen Raubkriege.

1674 den 13. Mai wurde ein Soldat von Obertürkheim wegen Meineids gehängt. Die geworbenen Landes-Defensionsvölker schützten den hiesigen Paß und die nächsten Grenzorte vor Einfall. Abtheilungen der Armee des Churfürsten von Brandenburg, welche den Alliirten zu Hilfe zogen, gingen hier über den Neckar, Straßburg zu. Ihnen folgten bald die Lüneburg-Zell'schen, welchen auf Bewilligung der Regierung hier das Nachtquartier gegeben wurde. Beim Rückmarsch wollten die Brandenburger hier das Hauptquartier aufschlagen, durften aber auf des Churfürsten Befehl dieß erst in Ilsfeld thun. Viele Reiter setzten, weil der Neckar klein war, unter dem Wurmberg über denselben. Den 13. Dezember wurde Hans Georg Linckh, alt 22 Jahre, von einem Soldaten im Wirthshaus mit dem Degen in den Hals gestochen und starb gleich darauf. 1675 im Mai passirte die kaiserliche Armee, die aus den Niederlanden gekommen war, hier den Neckar. Es starben vier Soldaten, einer von der brandenburgischen, einer von der münsterschen, einer von der lüneburgischen Armee und einer aus der Markgrafschaft Oetingen. 1676 war hier Winterquartier vom kaiserlichen ötingenschen Kürassier-Regiment, welches Stadt und Amt etliche tausend Gulden kostete. Ein Brautpaar wurde wegen Leibeigenschaft nicht ausgerufen, aber copulirt. 1679 wurde eine starke Contribution aufgelegt, auch war eine lothringische Reiter-Compagnie unter Rittmeister Courbon hier. 1679 überritt ein Soldat ein hiesiges Weib muthwilliger Weise auf dem Feld, so daß sie starb. 1681 wurde der Markt auf Petri Kettenfeier, und 1682 ein anderer auf Aller Seelentag verlegt. 1683 ließ Stadt und Dorf die alte Neckarmühle abbrechen und auf dem Rosch derselben eine neue aufbauen. In Garnison war Christoph Friedrich von Plato aus Brandenburg [19]). 1684—86 erhielt Dieterich von Weiler von Württemberg sein Haus auf dem Kirchhof von Beschwerden gefreit, indem er seinen Zehent-Antheil darin aufhob. 1688 kamen von der französischen Besatzung in Philippsburg Abtheilungen hieher, und es lag ein Oberst und der Regimentsstab mit zwei Compagnien zu Fuß zwei Monate lang im Winterquartier, was über 10000 fl. kostete. Keiner wollte in's Amt, weßhalb dieß L. meist allein traf. Den 21. Dezember nahmen sie den Obervogt von Lützelburg als Geisel mit und behielten ihn, bis die 16000 fl., die sie forderten, bezahlt waren, auch nahmen sie alle Pferde mit und ruinirten die Brücke, die sie seit dem 6. October besetzt hatten, das von ihnen befestigte Schloß aber ließen sie undemolirt. Hierauf kam ein sächsisches Dragoner-Regiment, welches Kürnbach von seiner französischen Besatzung befreite [20]), und zuletzt eine Compagnie Churbrandenburger nebst Artillerie. Wegen des Passes wurde L. am härtesten mitgenommen. 1689 den 6. August wurde neben den von der Landmiliz hier gelegenen Truppen von der alliirten Armee bei Heilbronn der Oberstwachtmeister, Graf von Lei=

---

[19]) Vielleicht der von Sattler XII, 260. erwähnte. Er scheint sich bleibend hier niedergelassen zu haben, indem er noch 1689 hier war und ein eigenes Haus hatte, das er an Untervogt Binder verkaufte. Dieß ist das jetzige Wohnhaus des Stadtraths Hagen in der Stadt.

[20]) Zabergäu III, 205. b.

ningen, hieher kommandirt, bis dieselbe aufbrach. Ferner lag hier über sieben Monate Oberstlieutenant Türch von General Serenis Reiter-Regiment mit vier Compagnien; die Naturalverpflegung geschah aus des schwäbischen Kreises hier gewesenem Magazin, die Geldbezahlung von Augsburg und andern Orten. 1690 waren in Stadt und Amt zwei Compagnien churbairische Kürassiere, gräflich salemburgschen Regiments, etliche Monate im Quartier. Im Juli passirte der Churfürst von Sachsen hier den Neckar. Als 1692 die Völker wieder über den Rhein herüberzogen und bei Heilbronn ihr Lager aufschlugen, kamen einige tausend Mann zu Pferd und zu Fuß zur Verwahrung des Passes in Stadt und Amt, verderbten in den Weinbergen gegen 400 Eimer Wein, und richteten einen Schaden von 18000 fl. an. Nach diesen kamen zwei Compagnien vom Saurbergschen Regiment hieher. 1693 im Mai war bei dem Gefecht der Franzosen mit den Kaiserlichen hiesiger Ort vor einem Ueberfall durch Einreißung eines Jochs an der Brücke und durch die Besatzung gesichert [21]). Als der Dauphin bei Besigheim Schiffbrücken machte [22]), war hier wieder eine kaiserliche Besatzung, und L. wurde zwar durch einen französischen Dragoner-Tambour auch aufgefordert, aber auf abschlägige Antwort nicht angegriffen, sondern blieb von dem Feinde frei. Die Fruchtfelder wurden aber durchaus fouragirt, auch die beiden Amtsflecken, sonderlich Ilsfeld, wo der Dauphin sein Hauptquartier hatte [23]), zu

---

[21]) Vergl. Sattler XII, 8.
[22]) Nach Sattler a. a. O. 10. rückte der französische General Montcaffel vor Besigheim.
[23]) Nach Sattler a. a. O. 11. war das französ. Hauptquartier in

Haus und Feld durchaus ruinirt. Den 22. Juli flohen viele Leute und es starben auch manche von andern Orten hier auf der Flucht. Im Ganzen starben 150 Personen. 1694 war hier Postierung von einem Hauptmann und 100 Mann schwäbischer Kriegsvölker, welche aber ausser Holz und Lichter ihre Verpflegung von dem assignirten Orte erhielten. Viele Waisen von hier wurden in Kirchheim u. T. aufgenommen. 1695 den 25. Juni wurde ein Soldat von dem Durlach'schen Regiment wegen Ermordung des Schmieds Digel dahier enthauptet. 1696 mußte Stadt und Amt 60 Mann nach Dürrmenz zur Landmiliz schicken, welche dort die Frontierlinie besetzten. In diesen Kriegszeiten fielen von manchen früher hier ruinirten Häusern auch vollends die Keller ein, so daß man Güter daraus machte. 1688 waren in Stadt und Dorf 258, 1692 243 und 1697 210 Bürger.

Hagelschlag fand Statt 1562, wo es 4½pfündige Steine warf, 1582 zweimal, 1601 den 11. August, 1654, 1657, 1659, 1666 den 18. Juni, 1680 den 3. Juni, 1685 im Mai, 1696 den 9. Juli, 1699 im August. Der Blitz schlug 1564 in die Dorfkirche, s. unten, 1603 in den Landthurm, wodurch das Zinn in der Stube durchbohrt, und dem Zoller die Brust also aufgeschlagen worden seyn soll, daß man ihm das Herz in der Herzkammer schlagen sah, doch soll er wieder geheilt worden seyn [24]), 1652 in den

---

Kaltenwesten und nach S. 14. etwas später bei Liebenstein und Ottmarsheim. Der Dauphin und de Choiseul wollten auf der Seite von L. das kaiserliche Lager angreifen, de Lorge und die übrige französische Generalität aber mißriethen solches als höchst gefährlich.

[24]) Sthfr. I, 433.

Stadt-Kirchenthurm, s. unten, 1660 den 28. April in ein Haus im Dorf bei der Kelterstaffel, wobei ein halbgewachsenes Mägdlein erschlagen, das Feuer aber bald wieder gelöscht wurde. **Erdbeben**: 1601 den 8. September Nachts 1—2, welches ½ Viertelstunde währte. **Kleines Wasser**: 1558 den 15. Februar, wo man mit trockenen Schuhen vom Dorf bis zum Mühlfach an der Burg gehen konnte, und 1674, wo man über den Neckar reiten konnte, s. oben. **Großes Wasser**: 1651 den 8. Januar, wo das Gesims auf der Brücke gegen dem Dorf weggerissen wurde, und das Wasser höher denn Manns hoch zum Thalhofer Thor herein bis zum Bauerlens Brunnen lief, 1661 den 6. August ähnlich dem von 1651, 1663 den 20. Juli noch einige Zoll höher, 1687 zweimal. **Es ertranken** im Neckar 1590, 1594, 1596, 1606, 1611, 1618, 1619, 1624, 1659, 1676, 1680, 1681, 1693, 1694 je 1, 1682 2, im See 1653 1, im Stadtbrunnen 1627 1. **Durch sonstigen Unglücksfall** [25] starben 1591, 1592, 1603, 1606, 1614, 1623, 1624, 1627, 1629, 1649, 1654, 1657, 1664, 1665, 1668, 1673 je 1, 1586, 1596, 1611, 1618, 1680 je 2. Hievon ist besonders der vom Jahr 1665 bemerkenswerth, worüber der Eintrag im Kirchenbuche also lautet: 1665 den 3. Februar Nachmittag vmb 1 Uhr ist die blawe stuben im closter alhie eingefallen, darinnen die hoch Edelgeborne Fraw Maria Gotliebe Staffalizin kranck gelegen, welche durch solchen einfall der stuben erschlagen, vnd ist den 5t. Ejusdem nacher Kleebern geführt worden [26].

---

[25] Was im Krieg geschah, ist schon oben besonders erwähnt.
[26] Dieß war die Obervögtin Schaffalizky, eine g. Birin. Darnach

Ermordet wurden 1589 das Weib des Färbers Herman von ihrem Mann mit einem Schwert, 1591 Martin Mesners Sohn, zwischen L. und Hausen von Einigen, mit welchen er zu Hausen beim Wein gewesen war, mittelst einer Haue, 1625 Werthmann von raufenden jungen Burschen, unter denen er hatte Frieden stiften wollen, durch einen Stich mit dem Messer in die Lunge, wahrscheinlich auch Singer, Gerichtsprocurator dahier, beim Liebensteiner Wälble, die Gerberslohe genannt, 1666 ein Kind von seiner Mutter, s. unten, Hans von Thalheim nebst einem Andern zwischen hier und Norbheim an der Stelle, welche noch jetzt durch zwei Kreuze und des ersteren Namen und Wappen bezeichnet ist. Hingerichtet wurde 1657 J. E. Reutter wegen Sodomie durch das Schwert und sein Leichnam verbrannt, 1666 Agnes Rempoldin ledig wegen Kindsmords durch das Schwert, 1675 ein Bürger dahier wegen Blutschande durch das Schwert, 1694 Losch, Hofbauer dahier, wegen Erwürgung eines Bürgers zu Ilsfeld durch das Rad. Durch Selbstmord starb 1653 mittelst Hängens, 1677 an Gift, 1688 mittelst eines Stichs in die Gurgel je Einer, auch war bei mehreren Ertrunkenen der Fall zweifelhaft. Eine Mißgeburt kam vor 1607, nämlich ein unzeitiges Mägblein mit 12 Fingern, 12 Zehen und beschlossenen Augen. Alt wurden 1588 einer 100 Jahre, 1598 zwei 95, 1611 einer 96, 1620 einer 99.

Die Stammväter der ältesten Familien sind: 1535 Adam Pfeilsticker [27]), 1588 Bastian Mönold, Marx Eber-

---

ist Sattler, topogr. Gesch. S. 334. zu berichtigen, der diesen Vorfall ins Jahr 1664 setzt.

[27]) Von einem spätern Adam Pfeilsticker g. 1656, welcher ein Sohn des

bach, Hans Metzger, Mathias Mauch, Conrad Schweinlin, Caspar Hefelin, 1559 Hans Dörr, (Jerg Dürr), Hainrich Schulthaiß, Rinhartt Precht, Melchior Vischer, 1560 Alexander Krauß, Jeremias Krafft, Zacharias Kachel, 1561 Philipp Seybold, Georg Stolp, Heinrich Schefer, 1562 Georg Rembold, 1564 Gabriel Jeger, Lucas Stiritz, 1565 Jorg Bentz, 1567 Michael Maulick, 1567 Philipp Steinle, 1573 Dieterich Franckh, 1584 Hans Mayer, 1588 Bartle Strickher, 1607 Hans Stahl, 1608 Bernhardt Eckhardt, 1611 Mathäus Allinger, 1618 Urban Krechenech (später Greppeneck), Hans Schweikhardt, 1644 Johannes Rellmann von Hettingen in Westphalen, 1687 Mathias Reitelhuber, 1688 Johannes Algayer, vor 1690 Hans Wilhelm Eberlin, 1698 Johann Jacob Büchelin, Samuel Greiner, vor 1698 Matthäus Demmler, Werkmeister, Otto Leonhard Bolayer, vor 1699 Hans Michael Bechstein.

Obervögte: 1534—1535 Schenkh Erasmus, Herr zu Limpurg [28]), 1537 Bernhard von Sachsenheim, 1542 Eberhard von Frauenberg [29]), 1543 Hans von Venningen [30]), 1545—79 Ludwig von Frauenberg, 1584 Bernhard von

---

Bürgermeisters David Pfeilsticker war und Weingärtner wurde, und seinem älteren Bruder J. Konrad g. 1653 stammt die Linie ab, welche bis jetzt noch in L. ist, von einem Stiefbruder dieser beiden aber Daniel, welcher 1675 Amtspfleger war und dann Polygraphus wurde, stammt die Neustadter Linie ab.

[28]) War Einer der württemb. Gesandten, die den 22. Dez. 1534 nach Wien kamen, um dort zu unterhandeln.

[29]) Wurde dem K. Ferdinand zur Ehrenbegleitung durch das Land zugeschickt. Sattler, Hrz. III, 184.

[30]) Wurde 1546 mit vier Pferden für Hrz. Ulrich aufgeboten.

Liebenstein [31]), 1592—1608 Albrecht von Liebenstein, 1609 bis 1611 Paul Khölderer von Höch, 1611—25 Johann Ludwig von Frauenberg zu Thalheim, in letzterem Jahre entlassen [32]), 1628—35 Peter von Helmstätt zu Thalheim, auch Oberstlieutenant, 1636—38 Johann Friedrich Sebnitzth von Hoititz, 1644—50 Konrad von Schaffalizky [33]),

[31]) Ueber ihn s. Zabergäu I, 47 ff. und Kirchensachen.
[32]) Starb 1636 als der letzte seines Geschlechts. Ueber dieses s. Zabergäu II, 149. Anm.
[33]) Auch Obervogt zu Brackenheim und Besigheim, a. a. O. II, 14. Anm. — Das Geschlecht der von Schaffalizky (Schaffelizky, Schavelizky, Schablizky) stammt aus Muckathell (Mukobell, Mukendell) in Mähren, kämpfte im Hussitenkriege unter Ziskas Fahne und wanderte nach der Verbrennung seines Schlosses Muckathell in diesem Kriege nach Teutschland aus. 1558 wurde ein Schaffalizky in Württemb. über 1000 Mann Musquetier gesetzt. 1582 war der Kammerjunge Sebastian von Schaffalizky (wahrscheinlich des vorigen Sohn) unter den Begleitern des Hrz. Ludwig auf dem Reichstag zu Augsburg. 1587 wurde er Obervogt zu Brackenheim. 1590 kaufte er einige Güter zu Freudenthal und sofort von seinen Verwandten denen von Wizleben noch Mehreres daselbst. 1608 wurde er von Hrz. Joh. Friedrich mit Andern zum Kaiser geschickt, um Württemb. aufs Neue als Lehen zu erhalten und 1617 war er unter der Zahl derjenigen, welche zur Bedienung ausersehen wurden, als Elisabetha Margaretha von Hessen, Braut Hrz. Ludwig Friedrich, zu Unterswisheim mit ihren Eltern übernachtete. Er war verheirathet an Benigna von Griesheim und zeugte mit ihr acht Söhne und zwei Töchter, wovon ihn jedoch — Einer der ersteren, Ernst, starb 1616 im 23. Jahre als jur. stud. zu Neapel — nur folgende überlebten: Ludwig g. den 24. Aug. 1587, Bernhard I. g. den 2. Sept. 1591, Konrad g. den 2. Nov. 1595, Anna Katharina g. den 23. Juli 1599, Dorothea g. 18. April 1603. Er starb 1624. Ludwig erbte die Kleebronschen Güter im Anschlag von 2000 fl., einen Giltbrief auf die württemb. Landschaft von 3000 Reichs-

1650—85 Johann Ludwig von Sperberseckh zu Thalheim, 1685 Ernst Friedrich von Lützelburg, württemb. Rath, gewesener Burgvogt zu Stuttgart.

thalern und 1576 fl. verzinslich, war 1610—1630 Obervogt in Brackenheim, wurde auch württemb. Rath und Oberstlieutenant, und kaufte 1625 das sogenannte Steinhaus zu Freudenthal mit Zugehör, ein frei Rittergut, um 515 fl. Um das Zabergäu erwarb er sich während der Kriegszeiten durch seine Thätigkeit große Verdienste. Er war verheirathet an Anna Elisabetha von Wizleben, welche 1645 in Brackenheim starb. Bernhard I. übernahm das ganze väterliche Gut zu Freudenthal sammt den Wiesen zu Frauenzimmern um den brüderlichen Anschlag von 20000 fl., mußte aber der Schwester Dorothea ihr Heirathsgut mit 1000 fl. entrichten, und der Schwester Anna Katharina jährlich 50 fl. bis zur Abtragung des Hauptguts geben. Den 1. Oct. 1620 verheirathete er sich zu Brackenheim als Ritter des St. Marren Ordens zu Venedig und Oberster mit Margaretha Elisabetha von Wizleben, wie es scheint, seiner Schwägerin. Weiteres über ihn s. Zabergäu II, 48. ff. Konrad erbte 1500 Dukaten und 2816 fl. in Zielern, war 1641—45 Obervogt in Brackenheim und Besigheim und nach dem Obigen auch 1644—50 Obervogt in L., zudem war er württemb. Rath und gleichfalls sehr thätig für das Zabergäu. Seine Frau verunglückte in L., s. oben. Bernhard des I. Wittwe erhielt 1651 für eine Schuld von 500 fl. 10 Morgen Wiesen zu Hohenhaslach, starb 1661 zu Brackenheim und wurde daselbst beigesetzt. Bernhard des I. erste Tochter Margaretha Elisabetha starb 1646 schon im neunten Jahre in Straßburg und wurde auch in Brackenheim beigesetzt. Bernhard des I. zweite Tochter Bernhardine Juliane war an Philipp Ludwig von Neipperg verheirathet. Bernhard des I. Sohn Ernst Christoph erhielt 1658 von Hans Albrecht von Wizleben wegen seines Alters, kindbaren Zustandes und der ihm schuldigen Summen den vierten Theil von Freudenthal gegen 100 fl. Leibgeding. Ernst Christophs Sohn Bernhard II. war württemb. Kämmerer, Rath und Obervogt zu Vaihingen, erhielt 1674 von Hrz. Wilhelm Ludwig die hohe Jagd und Wildfuhr zu Freudenthal gegen

Untervögte: 1520 Lienhart Kartter, 1535—49 Adam Pfeilsticker, 1561—69 Hans Lust, 1574 Matthias Stöcher, 1578—84 Johann Költz, 1585—1595 Konrad

die von seinen Eltern vererbte unterschiedliche Kunststücke und Raritäten, kaufte 1682—84 den übrigen Theil von Freudenthal, von denen von Dachenhausen und Janowiz, von Speier und Bönnigheim. So war er also Alleinherr von Freudenthal, aber schon 1685 verkaufte er es an Württemb. für 35000 fl. Benigna Veronica von Janowiz, welche um das Jahr 1683 in Freudenthal begütert war, war eine g. Schaffalizky, und scheint eine Tochter des Ludwig oder Konrad gewesen zu seyn, da sie eine Base Bernhards des II. genannt wird. — 1653 waren Eberhard und Ernst Mitglieder der freien Reichsritterschaft der drei Kreise in Schwaben, Franken und am Rheinstrom. 1664—69 hielt sich Jungfrau Margaretha Elisabetha im Schloß zu Brackenheim auf. 1670 lebte Juliane Agnes g. von Sperberseck. 1710 starb Georg Bernhard, Darmstädtischer geheimer Rath zu Freudenthal geboren, und wurde zu Brackenheim, wo er in den letzten fünf Jahren sich aufgehalten hatte, beigesetzt. 1736 lag eine Compagnie des Hauptmanns Schaffalizky vom schwäbischen Kreis im Zabergäu. 1746 stand ein Schaffalizky dem Hofmarschall von Sternenfels zu Gevatter. Seit 1843 ist in Stuttgart Friedrich, östreichischer Hauptmann a. D. Er wurde geboren in Ungarn 1794, und vermählte sich mit Christine, Freiin von Domonkas aus Ungarn. Sein Vater war Max Bernhard, welcher zuerst unter Hrz. Karl von Württemb. Page war, darauf bei dem Regimente des Hrz. Albert von Sachsen-Teschen als Offizier in östreichische Dienste trat, die er später als Major verließ, um in die Hofdienste des Hrz. überzugehen, in denen er die Stelle eines Kammerherrn und Oberst-Stallmeisters bekleidete. Er starb 1824 in Wien. Dessen Vater wurde 1701 in Straßburg geboren und starb 1755 als Chef eines schwäbischen Kreisregiments. — Das Wappen dieses Geschlechts führt einen aufgehobenen Arm mit einem Hammer. — Denkwürdigkeiten von Freudenthal von Pfarrer Seubert in der dortigen Pfarr-Registratur, Mittheilungen des Friedrich, Hauptmanns von Schaffalizky, G. des Zabergäus.

Egen, 1595 Hans Lienhart Hoffeeß, zugleich geistl. Verw., 1608—15 Carl Hamman, 1615—17 Ernst Hellwer, 1617—25 Zacharias Ezel, 1625—27 Jacob Zeller, 1627—36 Anastasius Herbst, 1636—38 J. Ludwig Hitzler 1638—41 J. Ludwig Burg, zugleich geistl. Verw., 1641—61 J. Pistorius, zugleich geistl. Verw. [34]), 1661—64 Christoph Rabauer, vorher zu Brackenheim, 1665 J. Pistorius zum zweitenmal, 1668—75 J. Heinrich Keller, entlassen, wurde nachher reisiger Schultheiß in Horrheim, 1675 Peter Binder zugleich Keller [35]).

Stadtschreiber: 1565—68 Hans Gerold, 1568—1609 David Pfeilsticker, 1609—14 Daniel Pfeilsticker, Sohn, 1614—35 Adam Pfeilsticker, Vetter, 1635—45 J. Conrad Kießer, des vorigen Tochtermann, 1645—95 J. Georg Kyriß, 1696 J. Georg Widmann.

Kirchensachen.

In Folge der Schlacht vom Jahr 1534 wurde auch hier die Reformation eingeführt. Der erste evang. Pfarrer Hailbrunner wird im Jahr 1546 genannt, war aber wohl schon früher hier. Den 30. Juni dieses Jahrs wurde demselben ein Sohn, Namens Philipp, geboren, der zu den Notabilitäten unseres Ortes gehört [36]). 1547 über-

---

[3]) War in schwedischen Diensten Amtmann in Bischofsheim a. b. T. bis zur Nördlinger Schlacht, wo er ausgeplündert und verjagt wurde. Bat, als er in L. (S. 68) am Bettelstab war, die württ. Regierung um eine andere Anstellung. Concl. Beruht auf sich.

[35]) In der Regel war das Kelleramt mit dem Untervogtamt oder der geistl. Verwaltung verbunden.

[36]) 1569 wurde er Pfarrer in Lustnau, und ging von da bei jeder Witterung nach Tübingen, um seine theologischen Studien fortzusetzen, 1571 wurde er Pfarrer in Bernhausen und 1574 Pro-

Klunzinger, Gesch. der Stadt Lauffen.

ließ Hrz. Ulrich der Stadt L. in den Armenkasten die drei Heiligenpflegschaften Reginswindis, St. Nikolaus und hl. Kreuz, auch der Elenden Allmosen und Bruderschaftpflegen sammt Häusern, Zins, Gilten, Zehenten, Gütern, Nutzungen und Zugehörungen und in demselben Jahre errichtete er aus den Aemtern L., Brackenheim und Güglingen ein Dekanat. Auch fällt in diese Zeit die Errichtung der geistlichen Verwaltung, welche in 41· näheren und entfernteren Orten Gefälle hatte. In Folge des Interims berief 1549 der Bischof von Wirzburg alle Pfarrer in den Aemtern Möckmühl, Neuenstadt, Weinsberg und L. auf den 12. Nov. nach Wirzburg, die meisten aber begaben sich auf die Seite [37]). Ein Meßpriester, Namens Bertold Haib, kam nach dem Interim hieher, wurde aber schon vor 1551 als ein leichtsinniger, lüderlicher Mensch, der böse Gesellschaft bei sich habe, abgeschafft und auf Besserung in's Stift zu Stuttgart geschickt [38]). 1552 übergab Bernhard von Liebenstein das Patronatrecht zur St. Nikolaus-Pfründe dem Hrz. Christoph. 1564 den 4. September schlug der Blitz in die Pfarrkirche, und zündete anfangs nur leicht, weil aber Niemand widerstand, nahm das Feuer überhand, so daß sie sammt den Glocken, Uhren, Orgeln, Gestühl und

---

fessor der Theologie in Lauingen, von wo aus er manche Lanze mit den Jesuiten brach, die er besonders durch seine Schrift „der Jesuitenspiegel" gegen sich aufbrachte, und gegen den Pabst selbst verfaßte er eine Spottschrift „der keusche Pabst." Außerdem bekämpfte er auch die Kalvinisten. Er starb den 17. April 1616. Pfaff zu Griesinger. Seybold, vaterländ. Hist. Büchlein S. 62.

[37]) Sattler III, 276.
[38]) Heyd III, 528 ff. Anm. 35.

Dach und allem Eingebäu verbrannte [39]). Sie wurde 1567 mit stattlichen Quadern wieder aufgebaut [40]), von den Glocken konnte man eine wieder umgießen, die zwei andern wurden neu gemacht [41]). Neben dieser Kirche wurde

---

[39]) Sattler, Gesch. des Hrz. S. 714 führt folgende hieher bezüglichen Verse, die noch auf einem Täfelein in der Sacristei stehen, an:
Als man zahlt 60. 4. Jahr,
Der 4. Tag Septembris war
Kam vom Himmel herab ein Stral
Verbrandt die Kirch überal,
Orgel, Uhren, schöne Klocken
Darob dann männiglich erschrocken
Die Kirch war hübsch und schön geziert
Mit gilten Knöpfen renovirt
Vier Ercker waren hübsch und fein
Die ganz Kirch deckt mit Schifferstein
War alls durch das Feur verzehrt
Was Gott schickt niemandt wehrt.
Crusius II, 309 gibt folgende lat. Verse hierüber:
Quindecies centum, decies sex, quatuor atque
Anni, post cunas, ὥσπερ, iere tuas:
September celeres humeros (numeros) nonasque parabat:
Haec cum sulfureo fulmine fana ruunt.

[40]) Einige Steine an der Westseite haben diese Jahrszahl. — Von der alten Kirche wurden auch zwei Sonnenuhren, worunter eine die Jahrszahl 1506 hat, wieder verwendet.

[41]) Die große Glocke hat die Inschrift: 1564 Septembris ein Stral vom Himmel gefallen St. Renfis ꝛc. 1567 hat mich wieder neu gossen Heinrich Roetenberger. Oben steht: Gottes Dienerin bin ich | mit meinem Schall ermahn ich | wann du mein Schall herst klingen | so such das Reich Gottes vor allen Dingen. Auf der mittleren steht: Anno 1578 Jar aus dem Feuer flos ich | Bechtold Meslang zu Hailbronn gos mich. Auf der kleinen steht: 1566 Verbum Domini manet in eternum. Mein Anfang und das Ent stet Alles in Gottes Hend.

6*

aber auch die Nikolauskapelle in der Stadt gebraucht [42]). 1609 wurde das Thörlein auf der Westseite der Dorfkirche gemacht. 1626 wurde ein 7jähriger Knab allhie, Namens Jacob Lenz, dergestalt bezaubert, daß er vielmals wie verzückt oder wie die mit der fallenden Sucht Behafteten sich geberdete, in welchem Zustande allerlei unnatürliche Sachen, die, wie er sagte, ihm zugekommen waren, wieder von ihm gingen, einiges Wenige durch Mund und Augen, das Meiste per genitale membrum, doch ohne Beschädigung, nämlich kleine Riebschälen von Wänden, Erbsen, Besenhölzlen, lebendige Mücken, Rockenähren, Birenschelfen, Stil und Butzen, leinene Pletzlen, halbe Nußschalen, ein Pfenning, ein Brösamlein Brod, Zähne von jungen Hunden und Katzen, ein scharfes Bein u. dergl. [43]). Es nahm aber solches nach einigen Monaten ein Ende, indem man in der Kirche und Schule für ihn betete. Während des 30jährigen Kriegs hörte der Gottesdienst in der Dorfkirche, wie es scheint, nie auf, wohl aber in der Stadtkirche, denn von dieser wurde das Holzwerk abgerissen, und das schon dazu neu gezimmerte Holz wieder verbrannt. Dazu kam noch, daß 1652 den 19. Juni der Blitz in den Thurm schlug und ihn sehr beschädigte. Die Kirchenbücher wurden während dieses Kriegs so wie in den folgenden französischen Raubkriegen regelmäßig fortgeführt, obgleich 1693 sich beide Geistliche flüchteten.

---

[42]) Auf der noch daselbst vorhandenen Glocke steht: 1594 An St. Niclas bin ich genant | In Gots Namen leit man mich | wer das hört | der reiet sich.

[43]) Vrgl. Zabergäu IV, 63. und Hartmann, Kirchenblatt 1845. Nr. 7, 117.

Stadtpfarrer: 1546 Hieronymus Hailbrunner, 1564 Joh. Nestelius, Sup., 1565—66 Dr. Philipp Heerbrand, 1566—67 Primus Truber, 1567—70 M. Wilh. Holber, 1570—72 M. Joh. Hummel, 1572—75 M. Jac. Hering, 1576—79 M. Israel Wieland [44]), 1579—82 M. Joh. Fabricius, 1582—85 M. Friedrich Rhe, 1586 M. Martin Blank [45]), 1586—91 M. Ansh. Hagenloch, 1591—93 M. Daniel Brust, 1593—1607 M. J. Georg Groß, 1607—8 M. Jacob Lieb, 1608—11 D. Georg Vitus [46]), 1611—19 M. Georg Ansheim, 1619—35 M. Ludwig Salomon [47]), 1636 J. Friedrich Braunstein, 1637 M. Johann Lilienfein [48]), 1639—45 M. Isaak Capeller [49]), 1646—65 M. Joh. Mart. Rebstock [50]), 1665—76 Lt. Wilhelm Lyser, von 1669 an Sup., 1677—81 M. Gottfried Cuhorst, Sup., 1681—99 M. Joh. Zeller, Sup.

Diakoni: 1557 Joh. Bernhard, 1557—62 Paul Renninger [51]), 1562 M. Joh. Schopf, 1562—63 Daniel

---

[44]) Ob causas certas remotus. — Er hatte auch bedeutende Streitigkeiten mit Diac. Berre.
[45]) S. über ihn Zabergäu II, 115 ff. — Im hiesigen Kirchenbuche wird er genannt vir summa pietate, virtute et doctrina praeditus. — Er war von Enzweihingen gebürtig.
[46]) Wurde Prälat zu Anhausen.
[47]) Starb an der Pest.
[48]) S. Zabergäu II, 116.
[49]) Hatte kaum den vierten Theil seiner Besoldung und klagte sehr über das maaßlose Elend.
[50]) Post diuturnum et durissimum exilium Mensheimae pastor factus et ibi per maximum incendium mirabiliter liberatus.
[51]) S. a. a. O. 151.

Mörlin [52]), 1564—65 M. Michael Kneer [53]), 1565—69 Sebast. Kürnmajer, 1569—72 M. Michael Ebert [54]), 1572—76 M. Friedrich Schnell, 1576—79 M. Cornel. Berre, 1579—85 M. Jakob Bibenbach, 1585 M. Nicol. Kuppenheimer, 1585 M. Georg Waller, 1586—95 M. Joh. Körner, 1595—97 M. Franz Rebstock [55]), 1597—1605 M. J. Jac. Lins, 1605—11 M. Gabr. Renninger, 1611—19 M. Ludw. Salomon (s. oben), 1619 M. Jerem. Plank [56]), 1619—26 M. J. Christ. Hizler, 1626—35 M. J. Friedr. Braunstein (s. oben) [57]), 1635—42 M. J. Georg Fischer, 1645 M. Ludw. Schweizer [58]), 1645—47 M. Hieron. Cnaus, 1647—50 M. Tob. Canstetter, 1650—52 M. Mart. Kornauer [59]), 1652—55 M. Nicol. Cunäus, 1655—75 Georg Abelb. Greimelius [60]), 1675—1700 M. J. Caspar Rempfer [61]).

Kloster. Nachdem Hrz. Ulrich sein Land wieder erobert hatte, bat ihn die Meisterin und der Konvent um seinen Schutz. Er aber gab 1536 seinem Obervogt Befehl, das Kloster zu reformiren. Da setzten die Klosterfrauen mit Ausnahme von 2—3 den möglichsten Wider-

---

[52]) Ditto III, 160.
[53]) Ditto II, 180.
[54]) Ditto 223.
[55]) Von Jesingen, war vorher Präzeptor in Königsbronn.
[56]) War epileptisch.
[57]) Sohn des Stadtschreibers in Brackenheim.
[58]) Ob praematurum concubitum munere ecclesiastico remotus.
[59]) Wurde katholisch, später aber wieder evangelisch.
[60]) Er und sein Nachfolger unterschrieben sich: „Unwürdiger Diakonus allhie!"
[61]) Wurde bei einer Disputation unter dem Opponiren vom Schlag getroffen.

stand entgegen. Sie öffneten die Thüren nicht, bis der Obervogt mit Gewalt und heftiger Rede solches erzwang, läuteten fast den ganzen Tag (Sturm), obgleich sie keine Messe mehr halten durften, wollten die evang. Predigt nicht anhören, bekreuzten sich vielmehr, wenn sie nur einen Evangelischen sahen und bezahlten nichts, als ob sie ganz arm wären. Da erhielt der Vogt von der Regierung im Sept. dieses Jahres den Befehl, er solle ihnen inventiren, ihr Pfleger seyn, ohne seine Erlaubniß dürfe Niemand hinein und heraus, in der Klosterkirche solle zum wenigsten einmal in der Woche geprediget werden, die Nonnen sollen innerhalb der Gitter zuhören, **und wenn sie dieß nicht thun, solle der Prediger zu ihnen hinein gehen und dort predigen**, insbesondere aber sollen die bessern gesinnten in Schutz genommen werden. Alles bis auf weitern Bescheid. So wurden denn die Klostergüter eingezogen [62]) und einem Kloster-Hofmeister zum Verwalten übergeben, der zugleich geistlicher Verwalter war [63]), und den Nonnen erlaubt zu heirathen. Hievon machte 1538 Eine Gebrauch, die den Jerg Weipold von Brunfeld bei Straßburg heirathete, und 1543 Anna von Horn, die den Ludwig von Neuhausen heirathete, wobei letztere auch auf alle Ansprüche an das Kloster verzichtete. Gleichfalls ver-

---

[62]) 1673 wurde Itzingen von Philipp Albrecht von Liebenstein an Württemb. verkauft, die dortigen Klostergüter scheinen aber schon vorher an die geistliche Verwaltung in Kaltenwesten eingezogen worden zu seyn. Die Epitaphien der Herrn von Liebenstein daselbst litten im Jahr 1693 sehr Noth.

[63]) Die geistl. Verwaltung stand auf dem Kirchhof neben dem Weilerschen Haus.

zichteten hierauf gegen ein jährliches Leibgeding Agatha von Gültlingen, die letzte Meisterin, Agatha von Bocksberg [64], Margaretha Wellingin und Genovefa Belzin.

Klosterhofmeister und geistl. Verwalter [65]: 1551 Leonhard Neruberckh, 1554 Adam Pfeilsticker [66], 1560—83 Jerg Reinhart, 1584—91 Joh. Aphin, 1591 Ludwig Singer, 1608 Hans Clemens Lauterbach, 1619 Hans Leonhart Hoffäß [67], 1620—26 Hieronymus Rottner [68], 1626—34 Hans Ludwig Burg, zugleich Untervogt, 1634 Hans Melchior Burg, bis 1638 Otto Leonhard Hoffäß der Sohn, 1638—41 Hans Leonhard Hoffäß der Vater zum zweitenmal, 1641—47 J. Pistorius, zugleich Untervogt, 1647 Wilhelm Burg der Bruder, auch 1647 Otto Leonhard Hoffäß der Enkel, 1680 J. Friedrich Sattler.

Schulsachen.

Das Schulwesen wurde ohne Zweifel von Hrz. Ulrich gleichzeitig mit der Einziehung der Kirchengüter, also 1547 neu organisirt und dotirt.

Präzeptoren: 1557 [69] —60 M. Matthias Schnepf, 1560—61 Balth. Loser, 1561—79 Victorin Coccius, 1579 — 1582 Hieron. Heppel, 1582—91 Christ. Geyßler, 1591 — 1626 Cunr. Hagmajer, 1626—35 M. Jak. Winter,

---

[64] Besold, 554.
[65] Geistliche Verwalter und Untervögte waren 1535 Leonhart Kartter, und 1536 Adam Pfeilsticker zum erstenmal.
[66] Nun war er auch zugleich Klosterhofmeister.
[67] Wurde Untervogt zu Brackenheim, Zabergäu II, 18 ff. Anm.
[68] Vorher Untervogt zu Brackenheim, a. a. O. Wurde 1626 hier abgeschafft.
[69] Wahrscheinlich schon früher.

1646—48 M. Rupert Köler, 1648—65 M. J. Georg Danböck, 1665—78 J. Ludw. Hartmann, 1678—79 Christ. Cunr. Walch, 1679—85 M. J. Heinr. Faber, 1685—90 M. J. Jak. Widmann, 1690—93 Leopold Christ. Saur, 1694 M. Abraham Blaicher [70]).

Neben den Präzeptoren waren Provisoren angestellt, welche zugleich teutsch lehrten. Eine eigentliche Collaboratorsstelle wurde erst 1663 geschaffen. Der erste teutsche Mädchen-Schulmeister hieß Joh. Hettler und war zugleich Zinkenist. Er starb 1692.

VII. 1700 — 1845.

Hauptpunkte.

Lange noch unerwünschtes Quartier und zuletzt ein Gefecht. An die Stelle der Obervogtei tritt ein Oberamt und die Superintendenz wird ständig, aber des Schicksals Spruch nimmt beides wieder hinweg, selbst das freundliche Maifest und der Reigen an Ulrichs lustigem See — sie kehren nimmer. So zieht denn L. das Feierkleid aus und das Werktagskleid an. Gleichwohl nennen es mehrere Notabilitäten ihre Vaterstadt, die Cultur des Bodens schreitet voran, und die Eisenbahn wird dem rührigen Geiste seiner Einwohner eine neue Gasse brechen.

1704 im Juni marschirte die englisch-holländische Reiterei von Heilbronn aus über hier. 1707 kam der französ. General Comte de Broglie mit 2000 Reitern zweimal hieher, fouragirte innerhalb 11 Tagen viele

---

[70]) S. auch Nachweis über das Kauffelinsche Stipendium S. 34.

Früchte, hielt zwar, weil man ihm Brod, Fleisch und Wein nach Genüge verschaffte, im Ganzen gute Zucht, doch schoßen seine Leute den 13. Juni zwischen hier und Meimsheim einen Schuhmacher, und hier selbst einen Wachtmeister unserer 300 Husaren unter dem Vorwande, daß sie Teutsche wären, todt, und jagten dann Sontheim zu, wo sie ein Lager hatten. 1709 den 16. Nov. rückte das Prinz Lobkowizsche Küraßier-Regiment von Kürnbach hier ein. 1721 wurde das Rathhaus wieder reparirt. 1724 wurde das seit 1693 mit Holz versehene Stück der Brücke zu einer bedeckten hängenden Brücke verwendet. 1726 wurden die zwei Jahrmärkte in der Stadt auf Einen verlegt, und am Tag Matthäus gehalten, später aber wieder getrennt und der eine auf Michaelis, der andere auf Thomas verlegt. 1727 den 6. August wurde im Dorfe bei Nacht abermals eingebrochen, dergleichen Diebereien und Mordthaten noch viele hier und da zu vernehmen waren, inzwischen haben Einige von solchen Dieben und Mördern, so attrapirt worden, ihren verdienten Lohn empfangen, und sind theils gehenkt, theils gerädert worden, deß ungeachtet scheint unmöglich zu seyn, sothanes loße Gesind gar ausrotten zu können. 1728 wurden des Diebs- und Jauners-Gesinds halber, weil selbiges mit nächtlichem Rauben, Stehlen und Morden je länger je mehr einrieß, alle Nacht vier Mann zum Patrouilliren verordnet [1]). 1734 stellte L. 44 Mann und 3 Pferde. 1735 wurde auf der Stadtseite unter Leitung des Major von Herbort und Ingenieur von Gräveniz ein kostbares Fortifikations-Werk angefangen,

---

[1]) Vrgl. Zabergäu II, 42.

wobei die nächst gelegenen Gärten und Güter zum Theil ruinirt wurden. 1737 wurde Stadt und Amt das Wolfsjagen gegen Wolfgeld erlassen. 1744 im Sept. wurde der Ort von der kaiserl. bairischen Armee unter Feldmarschall von Seckendorf heimgesucht und zwei Wochen hindurch daselbst theils cantonirt, theils campirt. 1745 im Frühjahr kam die in Baiern gestandene französ. Armee bei Bietigheim zu stehen, verschiedene Regimenter rückten Abends hier ein, darauf bekam man einen General mit 12—1400 Mann in Cantonirung 7 Wochen lang, endlich kam die ganze Armee zwischen hier und Nordheim zu stehen, und lagen dazumal 2½ tausend Mann allhie. Von 1746 an war hier Kreispostirung, bis später die Kreistruppen auch campirten. 1755 wurde auch hier die Obervogtei aufgehoben und aus demselben Bezirk 1759 ein Oberamt gebildet. 1770 den 20. März wurde hier der eben so geniale als unglückliche Dichter Johann Christian Friedrich Hölderlin geboren. In Folge des frühen Todes seines Vaters kam er noch als Kind nach Nürtingen. Im Jahr 1800 machte er nach seinem Geburtsort L. einen Ausflug, und in einem Gedichte an den Neckar „in dessen Thälern sein Herz ihm zum Leben aufwachte" versichert er, würde auch sein höchster Wunsch, Hellas Boden zu betreten, erfüllt:

"Doch weicht mir aus treuem Sinn
Auch da mein Neckar nicht mit seinen
Lieblichen Wiesen und Uferweiden"[*])

---

[*]) Seine Eltern waren Heinrich Friedrich Hölberlin, Klosterhofmeister dahier, und Johanne Christiane, eine Tochter des Pfarrers Heyn in Kleebronn, welcher aus Sachsen-Altenburg stammte. Seine Schriften sind: Hyperion, 2te Auflage 1822, lyrische Gedichte, neueste Auflage, welcher sein Bildniß und Lebenslauf bei-

1774 war hier Quartier von des Generals von Wimpfen und dem Herzogl. Prinz Wilhelmischen Dragoner-Regiment. Unter letzterem befand sich Hauptmann Ernst Heinrich Scipio, welcher sich sofort hier ansiedelte [3]). 1785 lagen über 700 Personen am Schleimfieber krank, und es starben 160 daran. 1787 den 20. März wurde hier geboren Johann Christoph Herbegen [4]) und 1788 den 12. Nov. Christoph Ludwig Herzog [5]), beide Finanzminister in Württemberg. 1795 war hier eine Abtheilung der Anhalt-Zerb-

---

gegeben sind, das Lied Pathmos und einige Uebersetzungen aus Sophokles. Seit 1806 war sein Geist zerrüttet und er wurde deßhalb in einem Privathause zu Tübingen untergebracht, wo er den 7. Juni 1842 starb.

[3]) Sein Haus stand zufällig neben dem des Plato, s. oben.

[4]) Kommenthur des württemb. Kron-Ordens, Ritter des württemb. Friedrich-Ordens, des preußischen rothen Adler-Ordens 2ter Klasse mit Stern, Großkreuz des badischen Ordens des zähringer Löwen. Seine Eltern waren Johann Christoph Herbegen, Rothgerber dahier und Dorothea Katharina g. Bezner. Nachdem er als Kriegs-Kommissär den russischen Feldzug mitgemacht hatte, wurde er Ober-Finanzrath und Staatsrath, und den 23. Sept. 1832 Geheimerath und Finanz-Minister. 1834 gab er in den württemb. Jahrb., S. 194 ff., den Original-Rapport von dem am 28. Aug. 1812 in den russischen Feldzug nachgesendeten königl. Ergänzungs-Corps. Den 5. Aug. 1844 wurde er auf sein Ansuchen in den Ruhestand versetzt. Nach wahrscheinlichen Notizen gehört dieser Familie der vormalige östreichische Gouverneur von Herbegen an.

[5]) Kommenthur des württemb. Kron-Ordens. Seine Eltern waren Georg Philipp Herzog, Stadt-Musikus dahier und Luise Regine g. Götz. 1811—17 war er Kam.-Verwalter in Brackenheim, 1817—32 Ober-Finanzrath und Director, und wurde den 30. April 1832 provis. Finanz-Minister mit dem Titel und Rang eines Staatsraths, starb aber schon den 20. Sept. dieses Jahrs.

ftischen Truppen. 1796 im Juli traf ein kaiserl. Artillerie=
Park mit einer großen Menge eiserner Kugeln hier und in
Thalheim ein [6]). 1799 zog sich die östreichische Reiterei
von Heilbronn auf L. zurück, wohin Hrz. Friedrich zum
Schutze gegen das über den Rhein gegangene französ. Heer
und insbesondere für seine beiden Residenzstädte vier In=
fanteriebataillons, eine Batterie von acht Dreipfündern und
ein Detachement Chevaurlegers unter Anführung des Ge=
neralmajor von Beulwitz, dem der Flügel=Adjutant von
Varnbüler beigegeben war, geschickt hatte, und die in der
Nacht vom 28—29. Aug. dort eingetroffen waren. Diese
württemb. Truppen blieben in L. und in der Umgegend
stehen, wo sie sich mit den unter dem Obersten von Wolfs=
kehl stehenden Oestreichern und Wirzburgern vereinigten.
Am 7. Sept. empfingen sie die von Heilbronn nach Nord=
heim marschirenden Franzosen tapfer und zwangen sie nach
kurzem Gefecht zum Rückzug, und als General Ney, ehe
er diese Gegend verließ, sie überrumpeln wollte, fand er sie
abermal bei Nordheim und auf der Neckarbrücke zu L. so=
wohl gerüstet, daß er sich schnell zurückziehen mußte [7]).
Gleichwohl mußte die Stadt L. den Franzosen nebst einer
Menge Naturalien 3000 fl. erlegen, und als sie zum drit=
tenmal in diesem Jahre nach Heilbronn kamen, brandschatz=
ten sie wiederum in L. und schleppten Geiseln mit sich, bis
sie ausgelöst wurden [8]). Den 2. Nov. tödtete ein französ.

Er schrieb Rückblicke auf die württemb. Finanzverwaltung 1816
—1822, s. württemb. Jahrb. 1822, 368 ff.
[6]) Titot, Beiträge zur Gesch. der Reichsstadt Heilbronn S. 20.
[7]) A. a. O., 36, 43, 47 und württemb. Jahrb. 1830, 275.
[8]) Titot a. a. O., S. 56.

Chasseur den andern in dem Wirthshaus zur Krone. In diesem Jahrhunderte pflegte hier auch ein Maienfest gehalten zu werden, welches Prof. D. Ch. Seybold, ein geborner Brackenheimer [9]), in den von ihm verfaßten Roman „Hartmann eine württemb. Klostergeschichte" sehr anziehend zu verweben wußte [10]).

1807 kam Kirchheim an das Oberamt L., welches aber schon 1808 aufgehoben, und unerachtet der Bitte um Zurückgabe desselben im Jahr 1816 nicht wieder hergestellt wurde. 1810 wurde der mittlere hölzerne Schwibbogen der Brücke durch einen steinernen ersetzt [11]). 1817 kaufte die Gemeinde von der Herrschaft die Neckarinsel und be=

---

[9]) S. Zabergäu II, 50.

[10]) Die ganze Stadt und die umliegende Gegend versammelt sich in dem Wäldchen, das an dem westlichen Ufer des Neckars fast eine halbe Stunde von dem Orte liegt, und das zu dieser Lustbarkeit bestimmt ist. Die Kinder ziehen in Prozession mit Gesang hinaus: die Knaben haben bunte Stäbe mit seidenen Tüchern, und die Mädchen Zweige mit Bändern geziert. An ihrer Spitze geht der Maienkönig mit der Königin und hat einige als Trabanten um sich. Derjenige, der das Jahr über der fleißigste und sittsamste war, wird zum Könige erwählt, oder sollte wenigstens dazu erwählt werden. Sind nun die Kinder in dem Wäldchen angekommen, so treten sie eins nach dem andern vor die Herren der Stadt, die nebst den übrigen Zuhörern von Stande in einem Kreise sitzen, sagen eine moralische Sentenz oder ein Lied her, oder führen kleine Gespräche auf. Hierauf folgt der Wettlauf um einen aufgesteckten Bogen Papier, dann erhält der Sieger und der Besiegte ein kleines Geschenk von Brezeln, Papier ꝛc., aber freilich jener etwas mehr, und endlich eröffnet der Maienkönig mit der Königin den ländlichen Ball unter den Bäumen. Hartmann a. a. O. S. 233 ff.

[11]) Von Werkmeister Nellmann in L.

stimmte das darauf befindliche Gebäude zu einem Rathhause. 1820 unternahm die Königl. Hofkammer die Trockenlegung des Sees, wodurch ein Raum von mehr als 200 Morgen Landes gewonnen [12]), auch das sporadisch-endemische kalte Fieber, welches beim Ausschlagen desselben sich zu zeigen pflegte, vertrieben, auf der andern Seite aber auch L. seines letzten volksthümlichen Vergnügens verlustig wurde [13]). 1824 bewilligte die Herrschaft dem Dorf 1000 fl. Nachforderung wegen ihres Beitrags zur Erhaltung der Wege und Stege in Gnaden, in der Erwartung, daß der Gemeindehaushalt von Stadt und Dorf bald vereinigt werden werde. 1826 wurde die Stadtschreiberei aufgehoben und dafür ein Amtsnotariat mit der Amtsstadt, Abstatt, Gruppenbach, Ilsfeld und Schotzach errichtet, in neue-

---

[12]) Württemb. Jahrb. 1822, 335 ff. 1826, 228. 1828, 80 ff., 1832, 59 ff. Es ergab sich hiebei auch, daß der Boden des Zaberthals dort seit dem 15. Jahrhundert sich um mehr als 3′ erhöht hat. A. a. O. 1822, 337.

[13]) Diese Anlage (der See), sagt ein Statistiker Wirtembergs vom Jahr 1787, ist herrlich. Die Grenzen desselben sind auf der einen Seite ein Amfitheater, das aus Traubenhügeln besteht, die sich durch Terrassen nach und nach erheben. An ihrem Fuße liegt der See, der die Figur eines halben Zirkels hat. Auf der andern Seite sind Aecker in Zirkelbogen gezogen. An einem Ende des Sees ist ein mit Alleen besetzter Damm, am andern sind kleine 4eckige Bassins und das Seehaus. Auf dem See schwimmen wilde Enten und Wasserhühner. Die Zeit, wenn er gefischt wird (alle zwei Jahre), ist ein ländliches Fest für die Einwohner Laufens und für die umliegende Gegend. So lange die Zeit des Fischens währt, und dieß dauert gemeiniglich 3–4 Wochen, trifft man auf dem Seehause beständig Gesellschaften, Musik, Tanz und Erfrischungen an. — In dem See waren Karpfen, Hechte, Karauschen, Schleien und Bersiche.

ster Zeit aber Abstatt und Gruppenbach wieder davon getrennt. 1834 den 13. Mai wurde hier das Säcularfest der Ulrichsschlacht solenn gefeiert [14]).

Die Cultur des Bodens ist in den letzten 20 — 25 Jahren bedeutend vorgerückt. Die schlechten Rebsorten wurden ausgerottet, und bessere, namentlich Clevner, dafür gepflanzt. Mit Magsamen wird beinahe das ganze Brachfeld angeblümt, wenigstens 2000 Stück edle Bäume sind auf Gemeindeplätzen gepflanzt, das Kai, vorher größtentheils öd und nutzlos, ist nun ein Niederwald geworden, der jährlich 500—800 fl. erträgt, und die Weidenpflanzungen an den Ufern des Neckars schützen nicht nur die angrenzenden Güter vor Verwüstung, sondern gewähren auch noch überdieß einen erklecklichen pecuniären Vortheil. 1825 wurde der neue Weiler gebaut.

Vom Blitz wurde getroffen 1702 Hans Melchior Zimmer, Nachtwächter, auf dem Felde, daß er starb, 1714 und 1726 die Dorfkirche s. unten, 1751 den 7. Aug. eine Magd von Kirchheim beim Schneiden auf dem Felde, daß sie starb, 1789 am Ostertag Abend 4—5 ein Gebäude, wodurch zwei Scheuren und ein Wohnhaus in Asche gelegt wurden, 1838 den 6. Sept. die Ehefrau des Weingärtners Braun beim Heimgehen vom Felde.

Feuersbrunst aus andern Gründen: 1707, den 11. März, Nachts 1 Uhr ging im Dorf Feuer aus, wodurch in Kurzem 36 Gebäude, unter welchen das Heiligenhaus

---

[14]) S. württemb. Jahrb. 1831, 21. Auch erschienen hieher bezügliche Schriften: Heyd, Geschichte der Schlacht bei Laufen und Pfaff, die Schlacht bei Laufen, so wie mehrere Gedichte.

als damalige Stadtschreiberei sammt dem größten Theil der Registratur war, in Asche gelegt wurden. 1725 s. unten. Erdbeben: 1728, den 3. August, ein sehr starkes, 1743 die Nacht vor dem Palmtag im April ein starkes. Großes Wasser: 1743, 1784, wo es 8' hoch zum untern Thor herein lief, 1789, 1817, 1824, wo mehrere Häuser zerstört und die Brücke bedeutend beschädigt wurde. Viehseuche, die sogenannte Uebergälle: 1735, 43, 45. Es ertranken im Neckar 1718, 1727, 1731, 1732, 1733, 1737, 1754, 1755, 1757, 1767, 1769, 1770, 1779, 1786, 1790, 1803, 1804, 1808, 1813, 1820, 1822, 1825, 1826, 1827, 1830, 1832, 1834 je 1, 1722, 1777, 1789, 1815, 1845 je 2, 1828 3; in der Zaber 1702 und 1816 je 1; in einer Gölte 1767 1; in einer Pfütze 1826 1; im Seeloch 1837 1. Durch sonstigen Unglücksfall starben: 1703, 1707, 1713, 1717, 1719, 1722, 1732, 1735, 1736, 1740, 1751, 1757, 1759, 1772, 1774, 1788, 1792, 1805, 1811, 1825, 1828, 1840, 1843 je 1, 1744, 1760, 1787, 1809, 1810, 1812, 1816, 1823, 1826, 1830, 1831, 1835 je 2, 1778, 1837, 1841 je 3, 1761 4. Ermordet wurde 1739 den 19. April ein Hafnersgesell aus Schlesien von dem Werber-Lieutenant von Schuf, der ihn durch und durch stach, 1740 den 26. Juni Andreas Härtele, Kaufmann von hier, zu Wimpfen a. B. von Räubern, 1761 ein Kind von seiner Mutter, durch absichtliche Vernachläßigung bei der Geburt, 1767 ein Dienstknecht von Niederhofen von einem andern Dienstknecht von Oberndorf mittelst Brechung des Genicks. Ein Denkstein rechts an dem Wege Nordheim zu enthält eine Figur wie eine Kuchenschüssel, und soll die Ermordung eines Weibes von L. durch ein anderes mit die=

sem Instrument aus Veranlassung der Kirchweih bezeichnen, und seit dieser Zeit soll L. keine Kirchweih mehr haben. Hingerichtet wurde 1761 die Mörderin des obengedachten Kindes, eine Spinnerin von Endersbach, mit dem Schwert. Durch Selbstmord starben: 1718, 1784, 1789, 1804, 1809, 1814, 1815, 1822, 1830, 1831, 1838, 1839, 1841 je 1, 1823 2.

Obervögte: Bis 1722 Ernst Friedrich von Lützelburg, württ. Rath, 1722—28 Karl Ludwig von Gräveniz [15]), 1728 Baron von Stein, 1748 Johann Friedrich Günther von Stockhorn, Kammerherr.

Untervögte: 1714—36 Joh. Glocker, 1742 Joh. David Rosa, 1751 Joh. Fried. Stockmaier, württ. Rath, 1756 Karl Ferdinand Hofacker.

Oberamtmänner: 1759 K. F. Hofacker, 1768—72 Karl Friedr. Bilfinger, 1772—87 Joh. Friedr. Seyffer [16]), 1787—95 Philipp Heinrich Volz, 1795—1808 Christoph Eberhard Rudolph Greber [17]).

Amtmänner: 1808—1819 Georg Friedr. Rennich, 1819—22 Joh. Gottlieb Ludwig [18]).

---

[15]) In nächstfolgender Zeit spielt die Novelle von Griesinger: Die letzten Zeiten der Gräveniz, worin unser Ort öfters erwähnt ist.

[16]) Ließ 1784 die Felseninsel, worauf das Schloß steht, unterfangen, wie folgende dort eingehauenen Verse bezeugen:
Me jussit Carolus minis depellere fluctus,
Qui subverterunt meque meamque domum.
Et mihi jam licuit caput alto vertice ferre
Seyffero vires dante, tuente, meas.

[17]) Wurde in letzterem Jahre zur Ruhe gesetzt und erhielt das kleine Kreuz des K. Civil-Verdienst-Ordens.

[18]) Oekonomie-Verwalter am K. Waisenhause zu Stuttgart, Hofrath und Ritter des Kronordens, s. auch Ilsfeld.

Stadtschultheiß: Seit 1822 Christian Hole [19]).

Stadtschreiber: 1702—18 Johann Georg Widmann [20]), 1718—37 Daniel Pfeilsticker, 1742 Georg Jakob Schübele, 1758 Joh. Georg Majer, 1760 Joh. Friedr. Stein, 1769—1808 Joh. Friedr. Kies, 1808—10 Ernst Christoph Wilhelm Heller.

Amtsschreiber: 1810—18 E. Ch. W. Heller, 1819—24 J. G. Ludwig, f. oben.

Amtsnotare: 1826—32 Wilhelm Hölder, seit 1832 Karl Martin Rick.

Aerzte: 1739—58 Sigmund Jakob Hoffstetter, Dr. und Physikus auch über Beilstein, 1760 J. Christoph Samson Georgii, Lt. und Physikus, 1764 Karl Ludwig von Olnhausen, Dr. und Physikus, 1768—1808 Christoph Matthias Zeller, Lt., Stadt- und Amts-Physikus auch über Mundelsheim und Bönnigheim, seit 1807 Dr. Christoph David Stiritz, Stadt- und Amts-Arzt, 1811—13 Lt. Karl August Gottlob Harttmann, bis 1821 Lt. Joh Ludwig Robe, seit 1832 Dr. Moritz Friedr. Leippraud.

Kirchensachen.

1701, den 5. Juni, wurde die neue Orgel in der Dorfkirche eingeweiht. Bei dem Brande 1707 war diese Kirche oben bei den Glocken auch schon angegangen, wurde aber nebst der Schule und den geistlichen Häusern wunderlich erhalten. 1714, den 6. Juli, schlug der Blitz in eben diese Kirche mit solcher Gewalt, daß ein Stück von dem

---

[19]) Inhaber der goldenen Civil-Verdienst-Medaille, f. auch württ. Jahrb. 1828, 97.
[20]) Ging wegen seiner Malversation und Falsification durch.

Gemäuer an dem geistlichen Stuhl absprang, im Uebrigen ging es ohne Schaden ab. 1725, den 7. April, Morgens um 5 Uhr stund die alte Kapelle, so nahe an der allhiesigen Dorfkirche befindlich, mit dem darin gelegten Stroh völlig in Brand, wurde aber, weil das Gewölb des Feuers Hitz ausgehalten, daß solche nicht oben ausschlagen können, glücklich erhalten. 1726, den 13. Juli, schlug der Blitz abermal in die Dorfkirche an denselben Ort wie früher und wieder ohne Schaden. 1747 wurde hier eine beständige Superintendenz errichtet. 1758 wurde die Stadtkirche nur noch 9mal zum Predigen und 1798 überhaupt nur noch selten zum Gottesdienst gebraucht. In letzterer Zeit diente sie meist zu einem Magazin, welch edle Bestimmung sie noch hat [21]). Der Pietismus nahm seinen Anfang ums J. 1774, wo Spezial Steck berichtet: „Privat-Versammlungen oder vielmehr einiger guten Seelen Hausandachten werden unter des pastoris Aufsicht in einem Haus ordentlich gehalten", und es kommen dort schon dieselben Familien vor, welche noch jetzt besonders eifrig hiefür sind. Unter Spezial Keller wurden 1790 der großen Zahl wegen 7 Abtheilungen gemacht. Sofort fand derselbe besondere Pflege durch Spezial Harttmann, und es wurden die Oetingerschen Schriften von ihm vorzugsweise empfohlen. Gegenwärtig sind die Privatversammlungen zusammengeschmolzen. — 1780 visitirte der Spezial zu L. folgende Orte: Ilsfeld, Gemrigheim, Ottmarsheim, Kaltenwesten, Beilstein, Auenstein, Abstatt,

---

[21]) Auch die Kirche zu Itzingen diente einige Zeit als Stroh- und Heumagazin und wurde sodann 1806 abgebrochen. Ueber die Procedur dabei f. Röder, Neckarkreis, S. 190. Uebrigens wäre es noch Zeit, mehrere dortige Denkmale zu retten.

Gronau, Oberstenfeld, Heinerieth, Gruppenbach, Liebenstein, Brackenheim, Neuenstadt, Möckmühl. Am Schlusse dieses Jahrhunderts wurde im Mühlgraben das Bruchstück eines steinernen Heiligenbildes gefunden, welches noch jetzt im Antiquarium zu Stuttgart aufbewahrt wird und auf die Geschichte der Reginswindis sich zu beziehen scheint.

1812 wurde das Dekanat dahier aufgehoben und der Ort dem Dekanat Bietigheim und im folgenden Jahre dem zu Besigheim untergeordnet.

Stadtpfarrer: Bis 1715 Joh. Jac. Zeller, Sup., 1715—17 M. Ludwig Fried. Salomo, Sup.[22]), 1717—31 M. Ludwig Hercules Daser, Sup., 1732—46 M. Joh. Mich. Schnell[23]), 1747—63 M. Joh. Wolfg. Sutor, Sup.[24]), 1763—65 M. Georg Sebast. Zilling, Sup., 1765—71 M. Jac. Christian Spindler, Sup., 1772—86 M. Heinr. Friedr. Mar. Steck, Sup., 1786—91 M. Ernst Urban Keller, Sup.[25]), 1791—1803 M. Georg Friedr. Fischhaber, Sup., 1803—11 M. Karl Friedr. Harttmann, Sup.[26]), 1812—24 M. Joh. Heinr. Hochstetter, 1825—34 M. Joh. Gottlieb Friedrich Köhler, 1834—43 Friedrich Faulhaber[27]), seit 1843 Karl Heinrich Krauß.

Diakoni: 1700—28 M. Christoph Zeller, 1728—32

---

[22]) Wurde Probst in Herbrechtingen.
[23]) Vorher Helfer in Brackenheim. Zabergäu II, 64.
[24]) Vorher Spezial in Güglingen. A. a. O. III, 89 a.
[25]) Wurde Consist.-Rath und Stiftsprediger in Stuttgart. Schrieb: Grab des Aberglaubens.
[26]) Früher Professor auf der Solitude und an der Karls-Akademie. Nach seinem 1815 erfolgten Tode wurden seine Predigten herausgegeben.
[27]) Vorher Helfer hier. S. über ihn Hartmann, Kirchenblatt 1843, S. 256 ff.

M. Georg Fried. Betz, 1732—34 M. Joh. Jac. Hauber, 1734—48 M. Joh. Christ. Harpprecht, 1748—52 M. Joh. Georg Göz [28]), 1752—65 M. Jac. Christian Spindler, 1766—67 M. Gottl. Fried. Rösler, 1767—84 M. Karl Fried. Engelhard, 1784—85 M. Fried. Jac. Schober, 1785—1803 M. Joh. Karl Fried. Schall, 1803—19 M. Karl Christoph Renz, 1819—26 M. Julius Fried. Wurm, 1826—30 M. Franz Gottfried Kapff [29]), 1831—34 Fried. Faulhaber, 1835—43 Christian Fried. Bruckmann, seit 1843 Johann Wilhelm Heinrich Zeller.

Kloster. Die Mühle war 1710 abgegangen. Die Kirche wurde im 18. Jahrhundert nicht mehr gebraucht und 1808—1809 abgebrochen, auch die andern Gebäude, die zum Kloster selbst gehörten, sind mit Ausnahme des mit einer Glocke versehenen Baues im Abgang begriffen. Spuren des Refectoriums und der Küche sind noch spärlich vorhanden. Um so schätzbarer sind einige hieher bezüglichen Dokumente, welche auf der K. öffentlichen Bibliothek zu Stuttgart aufbewahrt werden, nehmlich ein Verzeichniß der Wappen, so im Kloster zu L. in Zellen und gemachen auch Kirchen und vf den Grabsteinen biser Zeit befunden werden. 1605. Ferner ein Prospect des Chors der Klosterkirchen zu L. samt den Grabsteinen der daselbst gestorbenen Klosterfrauen, aufgenommen 1777 durch Feldmesser Ernst Heinrich Mayer von L. 1720, den 21. Oct., logirte der Erbprinz des Seefischens wegen hier. — Das Dörflein entstand wahrscheinlich aus Hintersaßen des Klosters.

[28]) Vorher Präzeptor hier.
[29]) Helfer in Crailsheim, Dekan in Geißlingen, jetzt Ober-Studienrath in Stuttgart.

1807 wurde die Klosterhofmeisterei sammt der geistlichen Verwaltung aufgehoben und aus der Stabsbeamtung Hohenstein und dem Oberamte L., dem Stabsamt Kirchheim und dem Brackenheimer Amtsorte Hofen mit vormals rentkammerlichen und kirchenräthlichen Gefällen ein Hof=Kameralamt geschaffen. 1812 wurde damit die Hof=Kameral=Verwaltung Liebenstein combinirt, die Domäne Liebenstein selbst aber gleich darauf gegen Rechentshofen an die Hof=Kameral=Verwaltung Freudenthal abgetreten. 1814 wurden die Gefällorte Ilsfeld, Wüstenhausen, Winzerhausen, Abstätter=, Holzweiler=, Sauser=, Itzinger= und Pfahlhof an die Ober=Finanzkammer, von dieser aber Wahlheim und Gemrigheim hieher abgetreten. 1817 wurde das Hof=Kameralamt Freudenthal mit dem hiesigen combinirt, hingegen 1819 mit Hofen und Hohenstein wieder davon getrennt. 1820 wurden durch Vertrag wieder folgende Orte von dem Kameralamt Großbottwar übernommen: Ilsfeld, Itzinger Hof, Liebenstein, Pfahlhof, Wüstenhausen, Winzerhausen, Abstätter Hof und die württembergischen Gefälle zu Schotzach. Der gegenwärtige Amtsbezirk besteht aus folgenden Gefällorten, Höfen und Domänen: Laufen, Gemrigheim, Hessigheim, Kaltenwesten, Kirchheim, Mundelsheim, Ottmarsheim, Wahlheim.

Kloster=Hofmeister und geistliche Verwalter: Bis 1711 Joh. Fried. Sattler, 1711—17 Jerg Jak. Trauttwein, 1717—20 Fried. Bernhard Wächter, 1726 Joh. Christoph Caspart, 1730—62 Fried. Jak. Hölberlin (auch Hölberle), 1772 Heinrich Fried. Hölberlin (Sohn) [30].

---

[30] Vater des bekannten Dichters.

1782 Frieb. Lang, 1804 Karl Frieb. Lederer, 1804—7 Christoph Heinrich Klemm.

Hof-Kameral-Verwalter: 1807—19 Christoph Heinrich von Klemm [31]), 1819—1825 Christoph Eberhard Ernst Kleinknecht, 1825—37 Joh. Bernhard Maurer, 1837—1842 Friedrich Wintterlin [32]), seit 1842 Christian Gottlob Nagel.

Schulsachen.

1813 verlor der Ort das Nominations-Recht des Präzeptorats.

Präzeptoren: Bis 1701 M. Abrah. Blaicher, 1701—1702 Joh. Traub, 1702—6 M. Ludw. Sebast. Trötsch, 1706—9 M. Christian Frieb. Kocher, 1709—16 M. Laurent. Schwan, 1716—48 M. Joh. Georg Göz [33]), 1748—63 M. Joh. Georg Knapp, 1763—67 M. Joh. Frieb. Jahn, 1767—71 Joh. Jak. Schmidt, 1771—83 M. Mar. Frieb. Zeller, 1783—1804 M. Ludwig Heinrich Schäffer [34]), 1805—12 M. Joh. Frieb. Ehemann, 1812—37 Christoph Jakob Klunzinger [35]).

1841 wurde das Präzeptorat aufgehoben und eine Reallehrer-Stelle geschaffen, so zwar, daß neben den Realien noch Unterricht in lateinischer und französischer Sprache gegeben wird.

---

[31]) Ritter des Civil-Verdienst-Ordens.
[32]) Hof-Domänenrath in Stuttgart.
[33]) Nachher Helfer hier.
[34]) Ein ausgezeichneter Schulmann.
[35]) Vater des Verfassers dieser Schrift. S. über ihn Schwarz, Prof. in Ulm, Kritik der Hamilton'schen Sprachlehrmethode. S. 36 Anm.

Reallehrer: Seit 1841 M. Karl Friedrich Heinrich Jäger.

Die Collaborator=Stelle wurde 1801 aufgehoben. Der letzte Collaborator war Joh. Sebast. Götz 1763—1801.

1714 war die Zinkenisten=Stelle mit dem t. Schul= amte verbunden und 1750 war eine Schulfrau hier. 1825 erhielt der Ort zum Schulbau einen Gnadenbeitrag von 500 fl.

Seelenzahl: 1745 2027, 1755 2173, 1773 2379, 1782 2661, 1790 2667, 1804 2937, 1811 3244, 1820 3496, 1830 3959, 1840 3992, 1844 4214.

Das Pfarrdorf Gemrigheim [1]).

An die frühesten Zeiten erinnern der Name Drachen= loch, den ein Berg Kirchheim gegenüber führt und die Flur= namen: Forst=Aecker, Forst=Weinberge, Thiergarten. Wahl= heim gegenüber ist ein Platz, der Schlößleinsberg, auch Gündelstein genannt, wo nach der Volkssage Schlösser standen. Von hier aus zieht sich ein 8' breiter, in dürren Sommern sichtbarer Streifen — eine Römerstraße — eine Viertelstunde lang bis zu dem Wäldchen, Buchholz genannt, fort. Dort grub Adam Helger 1837—38 die Grundmauern eines 4eckigen Thurmes aus und fand außer den Bruch= stücken eines Knopfes und einer Hafte aus Bronze 3 eben= falls bronzerne Münzen, von welchen die eine die Inschrift: M. Aurelius Antoninus trägt. Auch kamen Ueberbleibsel eines Parimentes und Bruchstücke von Bildhauer=Arbeiten,

---

[1]) Gemerckheim, Gemerckhaimb, Gemergken, Gemmerchen, Gemerg= heim, Kemmerkein.

z. B. eine Hand, die einen Hasen an den hintern Läufen hält, zu Tage²). Weiter links ist ein anderes Wäldchen, Bahnholz (Bannholz?) genannt, worin die von uraltem Schutte begrabenen Fundamente einer Ringmauer von 1000' Länge und innerhalb derselben die Grundlagen eckiger und runder Gebäude zum Vorschein kamen, welche das Volk gleichfalls die Schlösser heißt.

Ja sogar von einer Stadt „Blumenstadt"³) weiß die Volkssage etwas, und wirklich wird auch noch ein Thal Blumenthal genannt und es finden sich dort noch Fundamente von Gebäuden. Den dazu gehörigen Gottesacker zeigt man in der Leimengrube, wo stets Menschengebeine ausgegraben werden, und ein antiker Krug entdeckt wurde, so wie auch dort die oben angeführten Güterstücke, Thiergarten genannt, sich finden. Hiemit setzt man die den Töchtern Gemrigheims noch jetzt eigene Vorliebe zu den Blumen in Verbindung. Diese Blumenstadt soll eine halb römische, halb teutsche Niederlassung gewesen und vor der Ausbreitung des Christenthums im Kriege untergegangen seyn. Ein Theil der Einwohner aber, so fährt die Sage fort, siedelte sich aufs Neue etwas weiter oben an, und das jetzige G. entstand hieraus auf folgende Weise: Zuerst bauten sie eine Kapelle unten am Berge, Hasenohr genannt; diese erweiterte sich zu einer Kirche, und das Stift Backnang baute daneben ein Klösterlein mit einem Garten, und um denselben herum wurde der Ort gebaut. Letzteres

---

²) Würt. Jahrb. 1838, S. 87.
³) Eine Parallele hiezu gibt das kleine Städtchen Blumenfeld zwischen Schafhausen und Engen, welches aus der gallischen Ansiedlung Juliusfeld entstand. Mone I, 163 ff.

— die Erbauung des Ortes um den sogenannten Klostergarten [4]) — ist faktisch, so wie auch die Kirche einen auf verschiedene Zeiten hinweisenden Baustyl hat. Dazu kommt noch die Eigenthümlichkeit des Menschenschlags. Der Gemrigheimer ist derb, aufgeweckt, ein Liebhaber der Jagd, hat meist helle Haare und in seiner Sprache etwas Allemannisches, was in der Umgegend nicht der Fall ist.

Seit 1085 kommt G. in Urkunden des Klosters Reichenbach vor, s. Kirchensachen. Es gehörte zur Gaugrafschaft des Grafen Rugger von Vaihingen, welcher zu Anfang des 12. Jahrhunderts als Bischof von Wirzburg in dieser Gegend lebte, s. Laufen. 1140 kam es an die Pfalzgrafen von Tübingen. 1252 eignete Einer derselben, Wilhelm, dem genannten Kl. Reichenbach einen Weinberg zu G., den es von den Edlen Albrecht und Volmar, Gebrüdern von Waldeck, erkauft hatte, welchen dieselbe von gedachtem Grafen zu Lehen getragen hatten, und ihm dafür einen andern zu Lehen gaben [5]). 1345 vermachte Irmentrud, Hermanns von Sachsenheim, Ritters Frau, ihrer Tochter gleiches Namens, Klosterfrau zu Rechentshofen, etliche Gilten für ihre Lebenszeit aus hiesigen Gütern. Wahrscheinlich kam es von den Grafen von Tübingen an die Hofwarthe von Kirchheim und wurde von diesen mit L. an Württemberg veräußert [6], worauf es der dortigen Obervogtei zugetheilt wurde. Daß

---

[4]) Dieser Klostergarten wurde längere Zeit zu Weinbergen benützt, ist aber jetzt wieder ein Garten und theilweise ein Bauplatz.
[5]) Collect. Script. rer. hist. mon. eccles. P. II, T. II, 69—71.
[6]) Vergl. die Verkaufs-Urkunde von Laufen. — Die Angabe von Crusius II, 461, daß es 1595 württembergisch geworden sey, ist falsch, s. Sattler, Hrz. V, 187.

es vor 1417 Württemberg gehörte, beweist das Wappen dieser Herrschaft in der Kirche, worin die mömpelgardischen Fische fehlen [7]), und 1432 wird es ausdrücklich als zu Laufen gehörig aufgeführt [8]). 1450 veräußerten die von Urbach Güter hier [9]). 1458—1603 waren hier zwei Gerichte und 1555 ein Schultheiß, Heimburgen (Gerichtsboten) und ein Gericht.

1525 18—19. April zogen die Bauern vom Wunnenstein gegen 3000 Mann stark nach G. Der Pfarrer daselbst war bei ihnen schlecht angeschrieben und sie wollten ihm durch das Haus laufen. Um ihn zu schützen, verlegte Feuerbacher sein Hauptquartier eben dahin. Darüber murrten die Bauern so, daß sie ihn absetzen wollten. Da kamen die Abgeordneten der Regierung und fanden nun freilich bei Feuerbacher, der sehr mißstimmt war, kein geneigtes Gehör, doch lud er sie zu einer neuen Unterhandlung in Laufen ein, wohin der Bauernschwarm 19 — 20. April aufbrach [10]).

1592 — 96 lebte hier ein ungefähr 90 Jahre alter Mann, Namens Baltasar Ehinger, der nie krank war, und die Gewohnheit hatte, alle Nacht um 11 oder 12 Uhr, Winters wie Sommers, ein Glas Wein zu trinken, wenn er auch schon gefroren war [11]). Einige Zeit vorher war

---

[7]) An Einem der 4 (jetzt noch 3) Thore, dem sogenannten Schaafthore, in der Ringmauer ist das württembergische Wappen — als Ortswappen — wieder angebracht, aber ohne die Fische, dagegen mit dem Neuffenschen Horn.

[8]) Sthfr. II, 760 vergl. mit Sattler, Grafen F. II, 123 ff.

[9]) Pfaff, G. W. I, 266 Anm.

[10]) Zimmermann, Gesch. des Bauernkriegs II, 322 ff.

[11]) Crusius II, 478.

hier ein Bürger, Namens Baltasar Hugo, welcher mit seiner Frau 58 Jahre in der Ehe lebte. Nachdem er 50 Jahre seines Ehestandes zurückgelegt, erinnerte man ihn, er solle sich gewohnlicher massen in öffentlicher Kirche wiederum einsegnen lassen, sonst werde er von den Weibern übel tractirt werden. Allein er weigerte sich dessen, und sagte, er hätte jetzo lang genug mit seiner Frauen gehaust; und obwohl ihn die Weiber um dieser Hartnäckigkeit willen in den Ofen hineingestossen, so ließ er sich doch nicht zwingen [12]). Die Leibeigenschafts-Verhältnisse waren wie bei Laufen. Statt des Hauptviehs konnte auch von 100 Pfund 1 Pfund gegeben werden.

1623 lag G. in der freien Pürsch. Ueber die Zeiten des 30jährigen Kriegs s. Laufen 1644, 45, 47 und 48. Es wurden in demselben 62 Häuser eingerissen und verbrannt, 264 M. Weinberge und 513 M. Aecker verwüstet und der Kriegsschaden betrug 165,873 fl. 1637—39 gehörte der Ort zum Diakonat Bestgheim, 1639—40 zu dem in Laufen und 1640—41 zur Pfarrei Wahlheim. Von 145 Bürgern waren 1652 noch 42 übrig.

1676 s. Laufen. 1692 lag hier eine Abtheilung Baiern vom Latour'schen Reiter-Regiment. 1697 lagen noch vom 30jährigen Krieg her öde 19 M. Weinberge und eben so viele M. Aecker und 47 Hofstätten, leer standen noch 13 Häuser. Seit 1688 waren verödet 6 M. Weinberge und 45 M. Aecker.

1733 den 9. August Mittags schlug der Blitz in 2

---

[12]) A. a. O.

Scheuren auf einmal, wodurch in Allem 9 Gebäude theils zur Hälfte, theils ganz niedergebrannt wurden.

1808 kam es vom Oberamt Laufen an das zu Besigheim, und die Verbindlichkeit in Laufen zu fröhnen wurde sofort abgelöst. 1824 litt es durch Ueberschwemmung sehr [13]). 1833 ertrugen 18 Ruthen Weinberge im Schleifwege 2 Eimer Wein [14]).

Schultheißen: 1559 Melcher Zehender, 1587 Georg Rewlin, 1591 Hans Meßner [15]), 1617 Balthaß Haug, 1635 Enderis Meßner [16]), 1666 Hans Ries, 1675 Martin Roesch, 1681 Melchior Beckbissinger, 1693 Hans Jacob Roesch, 1707 Andreas Beckbissinger, 1720 alt Caspar Seiz, 1724 Leonhard Reutter, 1732 Ehrenfried Daubenschmid, 1771 Johannes Schäffer, 1808 Joh. Georg Kolb, 1820 Joh. Jakob Schweicker [17]), 1823 Adam Valet, seit 1842 Georg Ulrich Collmar.

---

[13]) Würt. Jahrb. 1825, S. 44 ff. Auch Hagelschlag traf 1829 den Ort. A. a. O. 1829, S. 27.

[14]) A. a. O. 1833, S. 11.

[15]) Hatte seinen Großvater Johannes den ältern, der ebenfalls von Gemrigheim gebürtig war, und eine Enkelin gleiches Namens noch am Leben. Johannes der ältere, sagt Crusius a. a. O., wohnet zu Kirchheim, und bleibt noch bey der alten teutschen Tracht, ohne weder ein Kragen-Hand (Hemb?) noch ein Camisol mit Falten zu tragen: trinckt aus keinem hohen, sondern nur kurtzem und kleinem Glas: geht vor und Nachmittag auf das Feld: kommt zu Zeiten Nachmittags mit andern Bürgern auf das Rathhauß zu einem kleinen Eßelein, ist noch munter und lustig: lebt schon in der 4. Ehe, und nimmt jedesmal wiederum eine junge Frau, wann er Wittwer wird.

[16]) Homo mundanus et hostis justitiæ.

[17]) Ueber dessen Familie s. unten.

Kirchensachen.

Mehrere Theile der Kirche sind sehr alt. Auch der Taufstein zum Untertauchen und die kleine Glocke [18]) gehören der frühern Zeit an. Ein Bild mit einem Wappen in dem Schiff der Kirche hat die Jahrszahl 1526. 1575—77 wurde auf dem obern Boden ein Fruchtkasten angelegt, und um denselben zu stützen eine (Ehren-) Säule mitten in die Kirche gestellt. Die Gemeinde hat das onus fabricae.

1085—1100 und 1252 erhielt das Kl. Reichenbach Güter [19]) und 1231—1450 das Stift Backnang den Kirchensatz und Güter hier [20]). Hiezu gehörte das jus patronatus et advocatiæ, der große Fruchtzehent mit wenigen Ausnahmen, der Heu- und kleine Zehent, auch hatte es einen eigenen Hof, der Oberhof genannt, mit Wiesen, Hölzern und Wäldern, so wie viel Gilt, Wasser- und Hellerzins und Bodenwein, und noch führt ein Flurbistrikt den Namen Zelg Backnang. Daß ein Klösterlein hier stand, wie die oben angeführte Sage will, ist nicht erweislich.

1464—78 war die Parochialkirche daselbst dem Ruralkapitel Bönnigheim und dem Archidiakonate S. Guido des Bisthums Speier zugetheilt. 1458 und 1487 wurden verschiedene Späne, die Zins-Verhältnisse der hiesigen Bewohner zu dem Stift Backnang betreffend, geschlichtet und 1503

---

[18]) Man sieht ihr ihr hohes Alter an, obwohl sie keine Inschrift hat. Sie soll das Mettenglöcklein gewesen seyn. — Die große Glocke ist von 1781, die mittlere von 1832.
[19]) Pfaff zu Griesinger und Cleß C, 34.
[20]) Pfaff a. a. O. und Cleß a. a. O. 249.

der Entscheid von dem Hubgerichte zu Backnang bestätigt [21]). 1523 war das Kl. Reichenbach auf den Hof dahier einen Karren zu halten schuldig.

1524 stiftete Dr. Wendel Schweicker, Domherr zu Augsburg, wahrscheinlich von G. gebürtig, eine Kaplanei in die hiesige Pfarrkirche, S. Wendels Pfründ genannt, mit Confirmation des Bischofs von Speier, und dotirte sie mit $\frac{1}{6}$ des Wein- und großen Fruchtzehenten und $\frac{1}{3}$ des kleinen Zehenten zu Bönnigheim, den er zu diesem Zwecke von dem Kl. Bebenhausen um 1500 fl. in Gold erkauft hatte. 1554 wurde Jakob Schweicker von (de) Schwaigern auf diese Stelle investirt, und ihm wegen Minderjährigkeit ein Vormund gesetzt, in demselben Jahre aber kaufte Hrz. Christoph genannten Zehenten von Hans Schweicker, dem Vater des Jakob und von den Brüdern dieses Hans [22]). 1555 trat Hans mit seinen Brüdern das jus nominandi zu dieser Stelle gegen 300 fl. an Hrz. Christoph ab, und gleichzeitig verzichtete die Gemeinde auf ihren Antheil an diesem Recht, gegen ein zu der Pfründe gehöriges Haus [23]) und Hofraithen und für Jakob Schweicker dessen mehrfach gedachter Vater Hans auf den Genuß der Pfründe.

In Folge der Reformation wurden die kirchlichen Gefälle [24]) zum Kirchengut geschlagen und durch einen hier

---

[21]) Reyscher, Stat. R. 124 ff.
[22]) Die Familie Schweicker ist noch jetzt sehr zahlreich in G., und scheint von Schwaigern hieher gezogen zu seyn und dort zu den ortsadlichen Schwigger von Schwaigern (Zabergäu IV, 60 ff.) gehört zu haben.
[23]) Das jetzige Pfarrhaus, an welchem die Jahrszahl 1513 steht.
[24]) 1554 kaufte Württemberg auch den Kl. Reichenbach'schen Hof.

wohnenden kirchenräthlichen Beamten verwaltet, der Keller hieß[25]). 1807 hörte diese Stelle auf und das Gebäude sammt dem trefflichen Keller kam nach und nach durch Kauf in den Besitz der Gemeinde, die es zu einem Schulhause gemacht hat.

Genannte Kloster-Kellerei war in Folge einer alten Stiftung, die eine Edelfrau (die obengenannte Irmentrud?) gemacht haben soll, schuldig, zum beliebigen Trunk der Insaßen ein Fäßlein Wein im Herbste aufzustellen und immer wieder aufzufüllen, wenn es leer zu werden anfing. Wegen eingerissenen Mißbrauchs aber verordnete Hrz. Christoph 1552, daß diese jährliche Abgabe hinfort 3 Eimer, 4 Imi, 6 Maas nicht überschreiten dürfe und setzte den Urbanstag als Tag der Austheilung fest, daher man diesem Stiftungs-Weine den Namen Urbeles-Wein beilegte. Später wurde der Pfingstmontag hiefür bestimmt, wo jeder Bürger 2 Maas Wein und 1 Laiblin Brod empfing. Erst vor 2 Jahren wurde diese Stiftung abgelöst. Für Hausarme stiftete Hrz. Ludwig 66 fl. 40 kr. und Hrz. Eberhard 222 fl.

1809 kam G. an das Kameralamt Besigheim, 1810 an das zu Bietigheim und 1818 an das Hof-Kameralamt Laufen.

Nachdem es seit der Reformation zur Spezial-Superintendenz Laufen gehört hatte, kam es 1812 an das Dekanat Bietigheim und 1813 an das zu Besigheim.

Die Kirchenbücher fangen 1556—92 an und nur das Todtenbuch hat eine Lücke 1659—93.

---

[25]) Der erste bekannte Keller war Claus Kern 1491, 1799 bekleidete diese Stelle Christoph Friedrich Hezel. Mehrere derselben haben ein schlimmes Prädikat.

Evang. Geistliche: 1550—59 Joh. Röseler, 1559—61 M. Jakob Mauck, 1562—85 Christoph Regler, 1585—91 M. Jakob Bibenbach [26]), 1592—96 M. Jakob Fabri, 1597—1629 M. Bernh. Wagner, 1629—37 M. Joh. Bernh. Wagner, 1641—75 Andreas Rittberger [27]), 1675—93 M. Joh. Georg Schmid, 1693—1710 M. Joh. Georg Hock, 1710—19 Ferd. Friedr. Göbel, 1719—47 M. Egid. Adam Brech, 1748—62 M. Joh. Christian Harpprecht, 1762—91 M. Joh. Zeller, 1791—1813 M. Joh. Gottlieb Breuning, 1813—21 M. Christoph Frieb. Ofiander, 1822—27 M. Joh. Tobias Riethhammer, 1828—33 M. Christian David Frieb. Hefelin, seit 1834 M. Ernst Christ. Eduard Keller [28]).

Seelenzahl: 1618 725, 1623 755, 1634 750, 1652 210, 1690 475, 1697 325, 1773 729, 1787 784, 1799 870, 1808 887, 1820 880, 1828 1012, 1840 997, 1844 1031.

Der Marktflecken Ilsfeld.

Der Vorzeit gehören fossile Zähne eines Tapirs an, die 1839—40 bei dem Ausgraben eines von Hirschwirth Kreh neu gebauten Kellers gefunden worden sind.

1094—1104 stiftete K. Heinrich IV. an das Bisthum Speier ein Gut Ilsfelt genannt im Scuzengowe [1]), in der Grafschaft Adelberts gelegen, mit aller Zugehör, d. h. Scla=

---

[26]) Vorher Helfer in Laufen.
[27]) Vorher Pfarrer in Nordheim.
[28]) Verfasser des von uns mehrfach benützten Aufsatzes im Besigheimer Wochenblatt 1842, Nr. 44—47: Etwas aus der alten Zeit und ihren Ueberbleibseln.
[1]) D. h. Schozachgau. — Dieser bildete wahrscheinlich nur eine Cent. Stälin I, 322.

ven beiderlei Geschlechts, Höfen, Gebäuden, angebauten und nicht angebauten Ländereien, Wiesen, Waiden, Wassern, Mühlen, Waldungen, Jagden ꝛc. mit Ausnahme eines Theils von demselben Gut in der Villa Jenban [2]), den er der Kirche zu Sunnesheim (Sinzheim) schenkte. Durch zudringliche Bitten und sogar Drohungen K. Konrads III. aber bewogen überließ es Speier wieder 1157 an dessen Sohn zu Lehen [3]).

1282 sigelte Emharb von Ilsfeldt bei einer Güterübergabe an das Kloster Hirschau durch Markgraf Rudolf von Baden.

1300 wurde zwischen Württemberg und dem St. Johannes-Orden über einen Hof daselbst ein Tausch getroffen, s. Kirchensachen. 1344 hat Hezze von Ilsvelb zu Lehen (von Württemb.) das Lehen ze Kyrchberg, das da heißet des Volmars Lehen [4]), 1344—61 hat Bernolt von Urbach von Mundolffsheim (von Württemb.) ze Lehen einen Hof zu Ilsvelb, heißet des Hempen Hof [5]). 1354 sigelte für Adelheid Dinkels Tochter von Ilsfelt Conrat von Rapach. 1376 verwies Dieter von Weiler seine Hausfrau Christine von Massenbach mit 300 fl. Morgengabe auf den Zehenten dahier. Ums Jahr 1386 wurde es sehr wahrscheinlich der Obervogtei Laufen zugetheilt.

1412 eignete G. Heinrich von Löwenstein Konraden von Schaubeck und seiner Hausfrau, Margaretha von Weiler, einen Hof hier, welchen sie in demselben Jahre der

---

[2]) S. Anm. 7.
[3]) Act. acad. Theod. Pal. 4. S. 140 ff. Vergl. Stälin a. a. O. 542, 3.
[4]) Sattler, Grafen F. IV. Bl. 61. S. 324.
[5]) A. a. O. S. 319.

8 *

Pfarrkirche zu Heilbronn für 460 fl. verkauften. 1432 wurde J. mit Laufen an die von Helmstätt versetzt. 1438 lauerte Eberhard von Neipperg auch hier auf die Heilbronner (s. Laufen). 1442 kauften die von Frauenberg Güter hier. 1455 verkaufte genannter Eberhard seine Gilten und 1/12 des Genbacher Zehenten zu J. an Dorothea g. von Wiesenbronn, Hermann Nests Wittib. 1456 kaufte Gr. Ulrich Güter und Rechte dahier von Konrad von Hohenriet. 1472 war Jörg Bombast von Hohenheim in den Diensten dieses Grafen als Kommenthur des teutschen Ordens zu Rohrdorf und J. [6]. 1489 war Ritter Hans Nothaft hier begütert.

1504 empfängt Dietherich von Wyler die fünfftaill an dem großen zehenden zu Jlßvelt an früchten vnd etlichen arten Win, Item vnd aintaill an dem Jenacher [7] Zehenden, Item zu Jlßuelt die fünfftail am clainen zehenden How krut kalber gens vnnd Hüner, wie das bißher von der pfaltz her zu lehen gangen ist [8].

Im Bauernkrieg war es Melchior Nonnenmacher [9], ein Pfeifer von J., der, als Gr. Ludwig von Helfenstein bei Weinsberg durch die Spieße gejagt wurde, die Zinke blies. Er war früher in des Gräfen Diensten und besonderer Gunst gestanden, und deßhalb mehrentheils bei ihm

---

[6] A. a. O. S. 167.
[7] Dieß ist der eben genannte Genbacher Zehent, und es stammt derselbe vermuthlich von der Markung des obengenannten abgegangenen Ortes Jenban.
[8] Sattler Hrz. I, Bl. 40. S. 105.
[9] In Laufen ist noch ein Nonnenmacher, des Weber Handwerks, von Schotzach stammend, auch sind in der neuesten Zeit mehrere Glieder dieser Familie von letzterem Orte nach Amerika ausgewandert.

zu Tische gesessen. Als man nun denselben zum letzten Gang herbeiführte, nahm er ihm den Hut mit der Feder von dem Haupte und sagte: Das haft du nun lange genug gehabt, ich will auch einmal ein Graf seyn, und setzte ihn sich selbst auf. Und weiter sagte er: Habe ich dir einst lange genug zu Tanz und Tafel gepfiffen, so will ich dir jetzt erst den rechten Tanz pfeifen. Damit schritt er vor ihm her, und blies lustig die Zinke bis vor die Gasse. Ja, als der Graf nun getödtet war, nahm er das Fett von ihm und schmierte seinen Spieß damit. Nach der Schlacht bei Böblingen versteckte er sich zu Sindelfingen in einen Taubenschlag, wurde aber entdeckt und ausgeliefert. Da ließ ihn G. Truchseß unweit Maichingen im Lager mit einer eisernen Kette an einen Apfelbaum binden, so daß er zwei Schritte weit um denselben laufen konnte, befahl gut Holz herbei zu bringen und es 1½ Klafter vom Baume entfernt herumzulegen, ja er selbst und einige andern Grafen und Herrn trugen jeder ein großes Scheit herzu. Und als nun der Holzstoß in Flammen aufschlägt, da vergeht auch ihm das Pfeifen, schnell und schneller läuft der arme Teufel den zum Zechgelag im Ring geschaarten Rittern zum Gelächter umher, schwitzt und brüllt vor Qualen, bis er endlich sein langsam gebraten schweigt und zusammen sinkt [10]. — 1586 hatte Burkard von Weiler zu Lichtenberg Zehenten und Gefälle hier. 1599 fand ein Vergleich statt zwischen Württemb. und Christoph Fugger die Markung von Wüstenhausen und J. einer- und die von Stettenfels und Gruppenbach andererseits betreffend.

---

[10] Zimmermann, Bauernkrieg II, 301 ff. und III, 752 ff.

1623 lag J. in der freien Pürsch. 1624, 1638, 1643, 1644, 1645, 1647 und 1648 s. Laufen. Nach dem 30jährigen Krieg waren von 244 Bürgern noch 100 übrig, Gebäude waren eingeäschert 196, Weingarten lagen wüst 228 M., Aecker 1050 M. Der Kriegsschaden belief sich 1634—36 auf 221,021 fl. — 1673—78 wurden die Liebensteinschen Güter in J. von Württemb. theils erkauft theils eingetauscht. 1674 war hier das brandenburgsche Hauptquartier. 1692, 1694 und 1696 s. Laufen. Nach diesen französischen Raubkriegen waren unangebaut 315 M. Aecker und 49½ M. Weingarten, wüst lagen 100 M. Aecker und unbewohnt 72 Gebäude. So waren also auch hier wie bei Laufen und Gemrigheim die Ringmauern nur ein schwacher Schutz. 1743 den 10. Dec. wurde hier geboren **Joh. Christoph Schwab**[11]). 1747 erwarb Württemb. den hiesigen Sturmsederschen Zehenten.

1808 kam es vom Oberamt Laufen an das zu Besigheim, und die Verbindlichkeit in Laufen zu fröhnen wurde sofort auch hier abgelöst.

Schultheißen: 1604 Samuel Leibfried, 1606 Joh.

---

[11]) Wurde 1778 Professor der Philosophie an der hohen Karlsschule, 1795 Geheimersekretär, sofort Hofrath, Kabinetssekretär und Geheimerhofrath, 1816 Oberstudienrath und starb den 15. April 1821. Er verfaßte viele philosophische und einige mathematische Schriften. Sein Vater, Philipp Jakob, hielt sich einige Jahre als herrschaftlicher Renovator hier auf, und in dieser Zeit wurde Johann Christoph hier geboren. Derselbe stammte zunächst aus Maichingen, die Schwabsche Familie überhaupt aber aus dem Kocherthal. Gustav, ein Sohn des Johann Christoph, der bekannte vaterländische Dichter, hat auch unserer Gegend in dem Lied „Wie Ulrich sein Land wieder erobert" gedacht.

Dietrich, 1659 Joh. Fried. Rathmann, reisig, 1670 Joh. Martin Flattich, reisig, 1672 Hans Rieß, 1684 Georg Fried. Behr, 1696 Joh. Jakob Bohl, 1701—11 Joh. Jakob Rieckher, 1728 Joh. Fried. Schumm, Amtmann, 1739 Ludwig Heinrich Kalb, reisiger Amtmann, 1760 Jakob Conz, 1774 Joh. Adam Burger, 1796 Joh. Adam Kreh, 1801 —1811 Joh. Jakob Deeg, 1811—24 Ernst Ludwig, 1824—28 Leonhard Koch, seit 1828 Joh. Heinrich Bender [12]).

Der letzte Gerichtsschreiber und zugleich Verwalter der Kommende Rohrdorf war Joh. Gottlieb Ludwig [13]).

Aerzte: 1821 Lt. Joh. Ludwig Rode [14]), gegenwärtig Dr. Emil Baur.

Das Ortswappen enthält einen Baum.

Kirchensachen.

Zu Ende des 11. und im 12. Jahrhundert hatte das Bisthum Speier und das Kl. Sinzheim hier Besitzungen, s. oben.

1300 übergaben die Grafen Eberhard und Ulrich dem Johanniter-Orden tauschweise ihren im Flecken zu J. gelegenen, frei, ledig und eigenthümlichen Gilt-Pfalzhof, gewöhnlich der Frohnhof genannt, mit allen seinen Zu- und Anbehörungen, also dem Pfarrlehen des erwähnten Fleckens J. und Wunnenstein, nebst dem Meßneramt für dessen Burgschloß Jungingen und sonstige Güter in Oberschwaben. Auf diese Weise kam der Johanniter-Orden in den Besitz der hiesigen Kirche und blieb darin bis zur Reformation.

---

[12]) Inhaber der silbernen Civil-Verdienst-Medaille.
[13]) Ueber ihn s. auch Laufen S. 98 Anm. 18. S. 99.
[14]) A. a. O.

Mehrere hier angestellte Geistliche waren aus demselben und von Einem von ihnen (Frater Johannes) ist noch ein Grabstein am Eingang in das Schiff der Kirche zu sehen, worauf die Zahl 1520 und ein über einem Kelch und Kanne stehendes Kreuz angebracht ist. Ausserdem steht auf der südlichen Seite die Jahrszahl 1491 und an dem Schiff die Inschrift: JCSX. Dieses, so wie der Kirchenthurm ist der Bauart nach neuer als der Chor. Die ganze Kirche mit Einschluß des vormaligen Kirchhofs war einst durch eigene Ringmauern befestigt, welche wegen Baufälligkeit in neuerer Zeit zum Theil abgetragen wurden. Aus dieser Veranlassung kam ein eingegrabener irdener Topf mit Goldmünzen zum Vorschein, deren Eine die Inschrift hat: Werner Archipresbyter [15]), Moneta Nova Wesaliensis. Im Uebrigen war der Ort wie Laufen kirchlich eingetheilt. In der genannten, dem h. Bartholomäus geweihten, Kirche stiftete die Gemeinde 1468 die S. Peterspfründe, und es war ausserdem noch eine Frühmesse hier.

J. ist der Geburtsort des Johannes Gayling [16]), der 1520 in Tübingen inscribirte und Einer der ersten evangelischen Prediger in Württemberg war. Oben an der Sacristei befindet sich folgende auf ihn bezügliche Inschrift: M. Johann Gayling Ißfeldensis Hatt damit, wie Lutherus dem Sachsenlandt also er in seinem Vatterlandt In An- und Fortpflanzung des Evangelii beförderlich war, Anno 1523 [17]) angefangen zu predigen, ist aber von der damahl

---

[15]) † 1418.
[16]) Er selbst schrieb sich Geyling, s. unten.
[17]) Ein Hauptbeweis dafür, daß er nach Sam erst als evangelischer Prediger auftrat, s. Schnurrer, Erläuterungen, S. 28 und Ba-

Röm. Königl. Regierung ins Exilium baldigst hierauf verjagt vndt des damals schon im Exilio lebenden Herzog Vlrich h. m. Prediger worden [18]), doch folgendts seinem Vatterlandt durch Gottes Gnade im Evangelio an vnterschiedlichen Orth als Weinsperg [19]), Löwenstein, Beylstein, vndt Bottwar zu geschweiggen anderer Orthen außer dem Landt, dahin er sehnlichst vociert worden [20]), wieder viele Jahre gedient, biß er zu gedachtem großen Bottwar 1559 selig gestorben. — Von J. war auch Melanchthons Famulus gebürtig [21]). Unter Hrz. Christoph bat Schultheiß und Gericht um einen lateinischen Schulmeister.

Im 30jährigen Kriege hatte die Kirche gleiches Schicksal mit der Stadtkirche in Laufen. Laut Rechnung von

---

bergäu IV, 172. Immerhin ist aber Gaylings Biograph, Schönhuth, in seinem Rechte, wenn er S. 7 sagt: So viel ist gewiß, daß er der erste war, welcher Luthers Grundsätze aus seinem eigenen Mund auffaßte und verkündigte. — Fischlin, der hier die Fäden verwirrte, wird auch von Seybold, vaterl. Historienbüchlein, S. 150, des Mangels an Kritik beschuldigt.

[18]) Als er nach der Schlacht bei Laufen als Pfarrer von Feuchtwangen bei Hrz. Ulrich sich um einen andern Dienst meldete, sagte er unter Anderem in der Bittschrift, er habe sich in der Vogtei Laufen nicht sehen lassen dürfen, man habe gedroht, ihn an einen Bom henken zu lassen. Er unterzeichnet sich dort Johann Gehling, von Ilsfeld, in Lauffener Vogtey vor Zeiten Euer Fürstlichen Gnaden Prediger zu Mömpelgardt und Hohentwiel. Schönhuth a. a. O. S. 48.

[19]) Während des Interims wurde er auch von hier vertrieben.

[20]) Er wurde wiederholt als Hofprediger nach Brandenburg und auch nach Oehringen berufen, aber der bescheidene Mann schlug Beides aus, so wie er auch dem Hrz. Ulrich nicht sich zum Reformator empfahl, sondern Brenz. A. a. O. S. 48 ff. und 72 ff.

[21]) Heyd, Ulrich II, 180, 12.

1656 erhält jede hier lebende Seele jedes Jahr einen Weck, Spendeweck genannt, und der Magistrat eine Zehrung. Der Schulmeister singt auf dem Rathhause mit seinen Schülern ein Kirchenlied und verliest einen Psalm. Früher hielt auch der Pfarrer eine Rede.

Die mittlere Glocke ist von 1704, die große von 1769, die kleine von 1800. 1812 kam der Ort vom Dekanat Laufen an das zu Bietigheim und 1813 an das zu Besigheim.

Das jetzige Pfarrhaus soll das ehmalige Frühmeßhaus und das Schulhaus das ehmalige Peterpfründhaus seyn.

Evangelische Geistliche: 1523 Johannes Gayling [22]), 1558—62 Melch. Thomas, 1562—91 Paul Irenicus, 1591—1604 M. Joach. Molitor, 1604—17 M. Christ. Keberich, 1617—27 M. David Bab, 1627—35 M. Joh. Sebast. Wieland, 1635—36 M. J. Fried. Braunstein [23]), 1636—42 M. Mich. Weinlin, 1642—47 M. Christian Butsch, 1647—60 M. J. Heinr. Wieland, 1660—63 M. Joh. Kartner [24]), 1663—70 M. Joh. Schmid, 1670—94 M. J. Christ. Denzel, 1694—1714 M. J. David Flattich, 1714—16 Jos. Dominic. à Sensen, 1716—33 M. Fried. Benj. Speidel, 1733—35 M. Georg Christ. Renz, 1735—42

---

[22]) Jedoch nicht förmlich angestellt. Sein Sohn Johann Christoph war es aber nach Schönhuth a. a. O. S. 74. Binder führt letzteren nicht auf.

[23]) S. Laufen.

[24]) Soll eigene Papiere von Joh. Gayling besessen und in der hiesigen Pfarr-Registratur aufbewahrt haben. Schon zu Schnurrers Zeit war nichts mehr davon vorhanden. Schnurrer a. a. O. S. 29 und Schönhuth a. a. O. S. 4.

M. Fried. Alb. Pfizer, 1742—58 M. Fried. Jakob Biber, 1758—70 M. Fried. Karl Winter, 1770—1799 M. Christ. Fried. Winter, 1799—1810 M. Christian Heinr. Denzel, 1811—1829 M. Joh. Jak. Steinbeis [25]), seit 1829 M. Christian Ludwig Liesching.

Seelenzahl: 1623 1015, 1634 1220, 1652 500, 1672 826, 1692 935, 1697 710, 1758 1242, 1780 1626, 1786 1434, 1798 1488, 1803 1594, 1820 1789, 1826 1916, 1840 1988, 1844 2073.

Zu Ilsfeld gehört 1) das Filial Schozach und 2) ein Theil von Wüstenhausen.

Das Dorf Schozach

hat seine Benennung von dem in der Nähe fließenden Bache Schozach, der dem Schozachgau den Namen gab [26]). Schon 1396 hatten die Herrn von Sturmfeder hier einen Hof. Es gehörte früher nach Auenstein, an Michaelis 1488 aber wurde es gegen Wüstenhausen der Parochie Ilsfeld zugetheilt. 1672 ist im Visitationsbericht bemerkt: Die jurisdictio politica ist strittig, Württemberg hat die jurisdictio ecclesiastica. Es ist dort ein feines Kirchlein, doch etwas baufällig, das, wie ich bin berichtet worden, vor der Zeit einen Heyligen gehabt, dessen Einkommen von dem Edelmann etwa möchte eingezogen worden seyn. 1771—80 ist im Visitationsbericht bemerkt: Der Ort ist ohne Kirch und Cult. Jurisdictio civilis alba gehört den Herrn von Sturm-

---

[25]) S. Zabergäu II, 181.
[26]) 1562 war in Laufen Paul Schozach; Bürgermeister, und 1581 Elias Schozach. 1578 war in Brackenheim Wilhelm Schozach, und 1582 in Niederhofen Kilianus Schozach.

feber, ecclesiastica und criminalis Württemberg, doch so, daß in delictis carnis prima vice occurrentibus der Herr von Sturmfeder allein, in iteratis aber Württemberg allein zu sprechen hat. —

Schultheiß ist gegenwärtig Bräuning.

Seelenzahl: 1672 110, 1826 302, 1844 340.

Der Weiler Wüstenhausen

war wahrscheinlich das ehmalige Sabelerhusen im Neckar=gau [27]). 1400 verkaufte Hans von Sturmfeder seinen Theil des großen und kleinen Zehenten in der hiesigen Mark an den Kaplan Johann Helpfrich dahier. 1460 war zwischen hier und Helfenberg ein Gefecht von den würt=tembergischen und pfälzischen Truppen, wobei Caspar von Hohenriet, Hauptmann von Beilstein und Caspar Spät erschlagen wurden [28]). 1515 wurde ein Vertrag geschlossen zwischen Württemberg und der Herrschaft Stettenfels wegen der Obrigkeit und Ehehaftinnen zu Wüstenhausen, und 1519 fand gleichfalls ein Vertrag Statt zwischen dem Stift Mos=bach und dem Kaplan dahier wegen des hiesigen großen Zehenten. 1524—1602 bestanden hier folgende Verhält=nisse: Der Hofbesitzer und alle, die auf dem Hofe Güter bauten, waren nach Stettenfels oder Gruppenbach gericht=bar, während die übrigen Unterthanen nach Ilsfeld gericht=bar waren. Doch bezog kraft Vertrags von 1515 von den auf die vorgeloffene Mißhandlungen mit Recht erkennt und angesetzten Strafen aus dem Drittelhofe die Vogtey zu

---

[27]) Zabergäu II, 108 ff. Anm.
[28]) Würt. Jahrb. 1819, 215 ff.

Laufen ober die Beamtung zu Jlsfeld zwey Drittheile und die Herrschaft Stettenfels ein Drittheil. Bei untergänglichen Handlungen sollte der eine Untergänger von Jlsfeld und der andere von Gruppenbach genommen werden, und falls diese nicht einig würden, sollten Jlsfeld und Stettenfels den dritten Obmann, oder so viel noch nöthig war, geben [29]. In kirchlicher Beziehung gehört es zu Auenstein.

Seelenzahl: 132.

---

[29] Reyscher, Stat. R. 233 ff.

Register.

Beckingen 17. 43.
Beilstein 41 Anm. 29. 45. 67. 121. 124. Herrn von s. Edelleute.
Besigheim 2. 42. 47. 69. 73.
Bisthum Speier 111. 112. 114. 115. Wirzburg 3. 4. 5. 7. 19—23. 29. 45. 48. 56 Anm. 60. 82. 107. Worms 11. 13—17. Erzbisthum Mainz 25. 56.
Bönnigheim 68.
Bonifaz 3. 5.
Brackenheim 35. 69.
Christenthum, Einführung desselben 3—5.
Dürrenzimmern 29. 50.
Edelleute von Baldeck 51. 55. Beilstein 35. Vietigheim 33. Bocksberg 88. Crailsheim 54. Emershofen 55. Frauenberg 30. 45. 77. 78. 116. Gaisberg 55. Gemmingen 35. 45. Gültlingen 39. 54. 88. Halle 30. Helfenberg 27. Helmstätt 36. 78. 116. Höch, Rhölderer 78. Höfingen 55. Hofen 54. Hohenhart 30. Hohenheim 116. Hohenriet 116. 124. Hoitzig 78. Horkheim 55. Horn 87. Jlsfeld s. dort. Kaltenthal 44. 54. Kirchhausen 26. Kirchheim, Hofwarthe 23. 24. 26. 27. 29. 32. 33. 34. 107. Klingenberg 26. 27. 30. 35. 36. Krawelssen 55. Laufen s. dort. Lemliu 26. Liebenstein 26. 27. 30. 35. 38. 39. 40. 41. 44. 46. 48. 50. 51. 54. 60 Anm. 10. 82. 87 Anm. 62. 118. Limpurg 45. 77. Lupfen 30. 35. 50. 51. Massenbach 115. Neideck 51.

54. Neipperg 26. 27. 34. 37. 54. 116. Neuburg, Thumm von 55. Nippenburg 45. 55. Nothaft 38. 44. 116. Oberkein, Nest 36. 118. Osterbrunn 36. 37. Sachsenheim 35. 51. 54. 77. 107. Schaf=
falizky 63. 75. Anm. 26. 78 Anm. 33. Schaubeck 115. Stetten=
fels 124. 125. Sturmfeder 33. 34. 118. 123. 124. Tachenhausen 37. 54. Thalheim 34. 35. 38. 44. 45. 48. Ubstatt 27. 33. Urach 30. 55. Urbach 50. 51. 108. 115. Venningen 77. Waldeck 26. 107. Weiler 38. 39. 41. 48. 61. 72. 115. 116. 117. Weinsberg 25. Westheim 29. Witstat 40. Wunnenstein 26. 30. 31. Wurmlingen 30. Züllnhart 55.
Franken 3. 4. 5.
Frauenzimmern 24. 79. Anm. s. auch Kloster.
Freudenthal 78. 79 Anm. u. 80.
Fugger 67. 117.
Gallas 64. 65.
Gau, Kraich 7. 11. 16. 17. Neckar 5. 6. 17. 124. Nord 7. 8. Schozach 114. 123. Zaber 16. 17. 34. 41. 44. 43. 59.
Gayling 47. 120. 121.
Gemrigheim 31. 36. 105—114. Vorzeit 105. Römische Alterthü=
mer 105. Sage von einer Blumenstadt 106. Sage von der Ent=
stehung des Ortes 106. Ortswappen 108. Anm. 7. Blitzeinschlag 109. 110. Frohnen 110. Hagelschlag 110 Anm. 13. Ueberschwem=
mung 110. Schultheißen 110. Kirche 111. Stiftung der Kaplanei 112. Schweicher, Domherr zu Augsburg 112. Familie Schweich=
her 112. Anm. 22. Keller 113. Evang. Geistliche 114. Seelenzahl 114.
Glocken 47 Anm. 42. 83 Anm. 41. 84 Anm. 42. 111. 122.
Grafen (Markgrafen) von Baden 23. 24. 26. 28. 30. 115. Calw 17 Anm. 31. Von und zu Laufen s. dort. Vom untern (mittlern) Neckar 17. Anm. 31. Von Löwenstein 115. Pfalzgrafen bei Rhein 15. 37. 38. 116. Von Teck 25 Anm. 9. Pfalzgrafen von Tübingen 107. Von Vaihingen 20. 25. 26. 107. Vögte im Zabergau 34. Von Württemberg s. dort. Zabergaugrafen 17.
Hausen an der Zaber 51. 64.
Heilbronn 17. 26. 29. 34. 37. 40. 63. 66. 69. 72. 73. 83. Anm. 41. 89. 93. 116.
Hölderlin 91.
Hofen 51. 54.
Hohentwiel 70.
Hornberg 14.
Jendan, abgegangener Ort 115. 116. Anm. 7.
Ilsfeld 31. 114 - 123. Vorzeit 114. Ortsedelleute 115. Nonnenmacher, der Pfeifer 31. 116. 117. Notabilitäten 118. 120. 121. Schultheißen 119. Aerzte 119. Kirche 119. 120. Beterpfründe 120. 121. Früh=
messe 120. 121. Evang. Geistliche 122. 123. Seelenzahl 123.
Johanniter 119. 120.
Kaiser, Arnulf 11. Ferdinand 56. 57. 65. Friedrich I. 14. II. 15. 24. Heinrich I. 11. II. 11. 23. III. 11. IV. 114. VI. 14. Karl IV. 33. Konrad II. 13. III. 115. Ludwig IV. 29. Der Fromme 6 — 9. Der Teutsche 8 Anm. 2. 9. Otto III. 11. Sigmund 36. 37.
Kaltenwesten 2. 74 Anm. 87. Anm. 61.
Karlmann, Hausmaier 4 — 6. Sohn, Ludwigs des Teutschen 9.
Klingenberg, Burg 33. Herrn von s. Edelleute.

Kloster, Abelberg 32. 35. 51. 52. 53 Anm. 52. 56. Denkendorf 13. 54. Frauenzimmern 37. Hemerode 15. Hirschau 17. 115. Jzingen 23. 29 Anm. 16. 30. 51 Anm. 48. 87 Anm. 62. 100 Anm. 21. Laufen s. dort. Lobenfelt 14. Lorsch 11. 12. Odenheim 12. Rechentshofen 25. 107. Reichenbach 107. 111. 112 Anm. 24. Schönau 13. 14. 15. 24. Schönthal 14. Seligenthal 15. 16 Anm. Weil 29. Weißenburg 14. 15.

König, Ferdinand 60.

Krieg, Bauern- 41—44. 54. 108. 116. 117. Dreißigjähriger 62. 109. 118. 121. Französ. Raubkriege 71. 74. 84. 109. 118. Schmalkaldischer 60.

Laufen 1—105. Hauptabschnitte: I. Urgeschichte bis 496 ... 1—3. II. 496—832 ... 3—6. III. 832—1227 ... 7—23. IV. 1227—1361 ... 23—31. V. 1361—1534 ... 31—56. VI. 1434—1700 ... 56—89. VII. 1700—1845 ... 89—105. Zeiten der Römer 2. 3. Aelteste Schreibart 6 Anm. 13. Villa 4. 6. Befestigter Ort 12. Stadt 24 Anm. 1. 25 Anm. 7. Reichsstadt 17. Graf Ernst 7—10. 17. Grafen von Laufen 11—16. 24 Anm. 3. Orts-Edelleute 17. 21. 24. 25. 26. 30. 34. (35.) Schlacht bei 56—60. Gefecht zu 83. Obervogtei 31. 91. 107. 115. Obervögte 35. 44. 45. 72. 77. 78. 98. Untervögte 45. 80. 81. 98. Oberamt 91. 94. Oberamtmänner 98. Amtmänner 98. Stadtschultheiß 44. 99. Stadtschreiberei 95. Stadtschreiber 45. 81. 97. 99. Amtsschreiber 99. Amtsnotariat 95. Amtsnotare 99. Aerzte 99. Keller 45. Brücke 38. 62. 72. 73. 75. 90. 93. 94. 97. Mühlen des Neckars 72. der Zaber 29. 53 Anm. 53. 102. Markt 22 Anm. 38. 39. 61. 70. 71. 72. 90. Schloß, unteres 33. 39 62. 63. 69. 70. 95. Oberes 61. 62. 69. Rathhaus 38. 39. 90. 95. Maifest 94. Aelteste Familien 42 Anm. 32. 76. 77. Notabilitäten 81. 91. 92. Hohes Alter 76. Mißgeburt 76. Leibeigenschaft 71. Blitzeinschlag 74. 75. 82. 83. 96. 99. 100. Feuersbrunst aus andern Gründen 96. 100. Erdbeben 24. 75. 97. Hagelschlag 74. Ermordete 76. 97. Hingerichtete 76. 98. Selbstmörder 76. 98. Unglücksfälle überhaupt 75. 97. s. auch Neckar. Pest 39. 60. 62. 63. Viehseuche 97. Jaunerei 90. Seelenzahl 34. 35. 63. 105. Dörflein 102. Neuweiler 96. Weinrechnung 38. Cultur des Bodens 8. 96. See 1 Anm. 1. 37. 59. 63. 95 Anm. 13. 102. Ortswappen 28. 31. 40. Martinskirche 4. 6. 18 Anm. 34. Reginswindis 7. 8. 17—19 Anm. 37. 23. 27 Anm. 14. 31. 48. 49. 82. 101. Reginswindiskapelle, ältere 19. 23. 27 Anm. 14. 45—48. Neuere 32. 49. 50. 100. Reginswindiskirche, ältere 23. 27 Anm. 14. 28. 45—48. Neuere 32. 99. 100. Ihr Sarg 31. 48. Ihr Grabmal 27 Anm. 14. Oelberg 48. Abgegangene unbekannte Kapelle 18 Aum. 34. Stadtkirche 49. 84. 100. Predigerpfründe 46. 47. Kirchherr 35. 45. Patronatrecht 46. 82. Kathol. Geistliche 28. 45. 48. Interim 82. Evang. Superintendenz 82. 100. 101. Evang. Geistliche: Stadtpfarrer 85. 101. Helfer 85. 86. 101. 102. Geistliche Verwaltung 82. 87 Anm. 63. Verzauberung 84. Pietismus 100. Kloster 23. 29. 30. 31. 32. 43. 50—56. 70. 86—88. Kirche 102. Hofmeisterei 87. 103. Hofmeister und geistliche Verwalter 88. 103. 104. Hofkameralamt 103. Hofkameralverwalter 104. Armenkasten 82. Präzeptoren 88. 89. 104. Reallehrerstelle 104. Reallehrer 105. Collaboratur 89. 105. L. Schulamt 89. 105.

Neckar, früherer Lauf 1 Anm. 1. Durchbruch zwischen Stadt und
 Dorf 10 Anm. 7. Großes Wasser 1. Anm. 1. 75. 97. Kleines 24.
 25. 71. 75. Fahr 27. 29. 33. Ertrunkene 40. 75. 97.
Nordheim 51. 56. 58. 91. 93.
Oestreichische Regierung 40. 41. 47. 48.
Ottmarsheim 35. 74 Anm.
Pabst 10. 81 Anm. 36. Sirt IV. 52. Innocenz VIII. 55.
Pipin, der Hausmaier 4. 5. 6.
Pürsch, freie 63. 109. 118.
Reformation 37. 81. 112.
Rohrdorf, t. Kommende 116. 119.
Schozach 123 — 124.
Schwäbischer Bund 40.
Sinzheim 115 f. auch Stift.
Stift Backnang 111. Mosbach 25. 124. Sindelfingen 25. 29. Sinz-
 heim 119. Wimpfen 24.
Trier, Erzbischof 12.
Turenne 68. 69.
Volksgebrauch 94 Anm. 10. 95. 113. 122.
Willibrord 3 — 5.
Wimpfen Stadt 13. Spital 37. S. auch Stift.
Wolfsjagd 70. 91.
Württemberg 23. 25. 26. 27. 31. 33 — 38. 40. 46. 60. 107. 108.
 115. 117. 118. 124. Graf Eberhard und Ulrich 32. 119. Ulrich 25.
 26. Eberhard der Greiner 32. Ludwig 36. 37. 38. 46. 47. Ulrich
 V. 36. 37. 38. 46. 51. 52. 53. 116. Dessen Tochter Katharina
 54 — 56. Eberhard der jüngere 39. 47. Der ältere 39. 47. 55. 56.
 Herzog Ulrich 40. 60. 82. 86. 87. 88. 121. Christoph 61. 82.
 112. 113. 121. Ludwig 113. Eberhard 70. 113. Friedrich 67. Jo-
 hann Friedrich 62. Herzogliches Haus 70. König Wilhelm 95.
Wüstenhausen 124. 125.
Wunnenstein 34. 41. 42. 108. 119. S. auch Edelleute.
Zabergau s. Gau.